春秋淹城

Chun Qiu Yan Cheng

许佳 著

江苏凤凰美术出版社

符号江苏·口袋本

图书在版编目（CIP）数据

春秋淹城 / 许佳著. -- 南京：江苏凤凰美术出版社, 2020.6（2021.2重印）
（符号江苏·口袋本）
ISBN 978-7-5580-7621-3

Ⅰ. ①春… Ⅱ. ①许… Ⅲ. ①古城遗址(考古)-研究-常州-春秋战国时代 Ⅳ. ①K878.34

中国版本图书馆CIP数据核字（2020）第135686号

责任编辑　曹智滔
助理编辑　程继贤
责任校对　吕猛进
责任监印　张宇华
图片提供　陈黎艳　袁　粉

书　　名　春秋淹城
著　　者　许　佳
出版发行　江苏凤凰美术出版社（南京市湖南路1号　邮编：210009）
出版社网址　http://www.jsmscbs.com.cn
制　　版　南京新华丰制版有限公司
印　　刷　南京新世纪联盟印务有限公司
开　　本　787mm×1092mm　1/32
印　　张　4.5
版　　次　2020年6月第1版　2021年2月第2次印刷
标准书号　ISBN　978-7-5580-7621-3
定　　价　40.00元

营销部电话　025-68155792　营销部地址　南京市湖南路1号
江苏凤凰美术出版社图书凡印装错误可向承印厂调换

目　录

前　言

1935 年，江南早春，微风拂面，杨柳依依。

常州武进郊外的一处河岸边，两位身穿袍褂，手持扶杖，头戴礼帽的先生，徐徐漫步在蜿蜒曲折的土埂上。

河内停泊着渔家的小船，他们决定雇船代步探游一番。渔船径直向小河的深处划去。他们不时地对着河坝的周围指指点点，仿佛在议论着什么。然而就在这时，小船顺着水流很自然地穿过一个豁口，进入到另一条河流。两条河流岸边的景致不分上下。这里岸柳翠绿，曲水环绕，犹如一个世外桃源。

他们并不知道这个叫淹城的地方，等待他们的将是一次足以名垂青史的发现。

这两位先生就是对常州文化古迹颇具热忱的本地名士江上梧和陈松茂。他们私交甚好，结伴来到淹城，是为了要解开一个萦绕在两人心中的谜团。

早在1934年，江南大旱，百条河道干涸，千里田地龟裂，万亩禾苗枯萎，唯独淹城护城河内依然水流不息，碧波荡漾，清澈如常。远近八乡的百姓靠淹城的河水渡过了当年大旱的难关。

这一奇特的现象引起了他们的注意。两人一直听同乡的老人们说起，武进的湖塘镇有座古城，名叫淹城，可究竟是个什么样子，却没有人能确切地说出来。既然是身边的古迹，他们决定一同探个究竟。

远处，土墙绵延起伏；近处，河内鱼儿戏水悠游。高高的土墙，虽然树木茂盛、杂草丛生，但依稀还能辨认出大致的轮廓。这会是传说中淹城的城墙吗？

两人泊船上岸，攀上土墙，时而驻足远眺，时而俯身细探。忽然，两人几乎惊呼起来！原来是在脚下发现了陶片。一片片满印几何花纹的古陶片悄无声息地隐匿在泥土芳草中，静默观看着春秋迭易、岁月轮回。两人甚是欣喜，连忙捡了起来。越来越多的陶片如同引路的巷道，不知不觉间他们已经来到了土墙的顶端。就在这时，他们有了更为惊人的发现。

土墙的另一侧还有一条较宽的小河，视线越过小河，这条小河还包围了一道土墙。当夕阳西下，江上梧和陈松茂几乎走遍了所有的土墙，此时他们才惊奇地发现，这里竟有三道土墙，外有三条河流分别环绕。想必这就是淹城的城墙和护城河啦！

两人对残存的城墙、护城河和土墩等一一进行了调查，发现古城遗址基本保存完整，且陶片上几何印纹众多，似乎年代很久远。古城池和古陶片所渗透出来的文化信息使两人坚信淹城具有“文化上的无上价值”。

静静等待了数千年的淹城遗址，终于被掀开了尘封千年的神秘面纱，开始重新回到人们的视线里。

它会是谁的城？为什么会有三城三河的布局？这座古城又是用来做什么的呢？这些陶片到底是哪个时期的呢？遗址尘封着一堆堆神秘的往事和一团团历史疑云，耐人寻味。

第一章

探淹城本源

第一节　淹城简介

逆时空追溯往昔。2900多年前，西周末，春秋始，周王朝从辉煌走向没落。霸主迭出，光芒四射；运筹帷幄，决胜千里。士人们衣袂飘飘，游走列国；指点江山，激扬文字。群雄割据，金戈铁马，演绎了一幕幕波澜起伏、气势磅礴的历史话剧。礼制分崩离析，思想百花齐放，民族相互融合，整个社会在征战兼并中逐步走向统一。

繁华荡尽，故地重游，早已物是人非。硝烟散去，多少英雄故事残留于竹简古籍，多少城楼亭台淹没于历史尘埃。唯有一座座古城，遗留至今，向后人呢喃低语，诉说着荣辱盛衰。逶迤起伏的城墙，垒筑起称霸的欲望和野心；

宽广深邃的城河，围圆了世袭的狂妄和梦想。

通常来说,城或城邑是指修筑城墙形成的集中居住地。古代王朝国都、诸侯封地、卿大夫采邑，都以有大小不同墙垣的都邑为中心，这些都邑通称作城。

中国城或城邑的历史可以追溯到史前的新石器时代。

据史书记载，古史传说中的神农五帝时代就开始建筑城邑。《轩辕本纪》云：“黄帝筑邑造五城。”

据考古资料，在湖南省澧县的八十垱遗址内，发现了环绕聚落的围墙和围壕，以及大量的居住房址，距今已有约 8000 年的历史。

《吴越春秋》载：“鲧筑城以卫君，造郭以守民，此城郭之始也。”起初，筑城主要是为了抵御外来入侵，因此，城必须首先具备防御的设施：城墙和护城河。在人们看来，只要有了城墙和护城河，城才有了防御的屏障，其防御功能才能得到体现。

西周晚期至春秋战国，无义之战频繁，凡立国者必筑城抗敌。

考古工作者在长江下游地区已经发现多处该时期的古城遗址，如江苏无锡阖闾城遗址、丹阳葛城遗址、苏州木渎古城遗址等。

然而，目前发现的众多古城遗址中，古城的形制大多只有一城一河，少数是两城一河或两城两河。而“三城三河”者，仅常州淹城遗址一处。

常州，位于江苏南部，春秋战国时期曾为吴国、越国、楚国属地。春秋时期被称作延陵，西汉初期改延陵为毗陵。相传伯牙与子期“高山流水”的故事就发生在这里。北宋文学家苏东坡曾多次来到毗陵，并给自己取了个雅号，叫“毗陵先生”。

淹城遗址，就位于常州市武进区湖塘镇的西南。

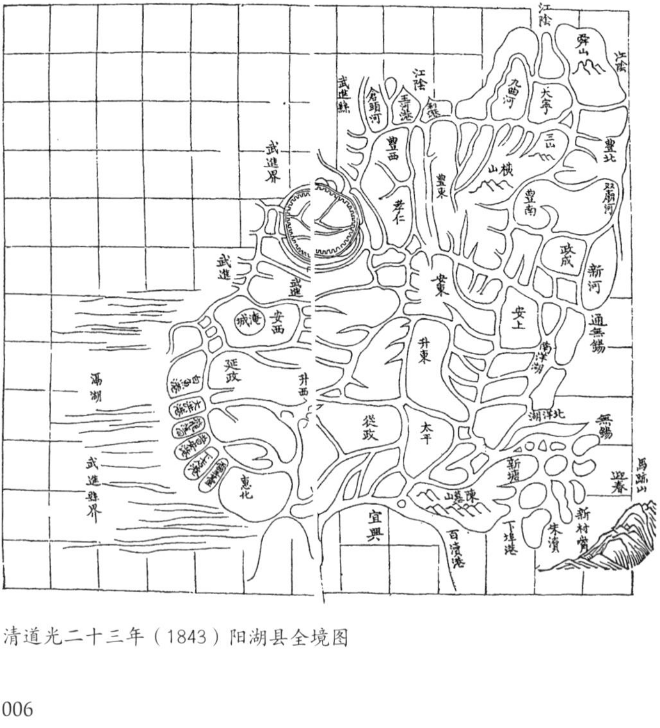

清道光二十三年（1843）阳湖县全境图

淹城，是一座有着3000年悠久历史的古城。淹城地势较高，东西长850米，南北宽750米。城有土城墙四重。由内向外，分别为子城、内城、外城和外城廓。其中，子城、内城、外城的城外均有护城河环绕，三城三河，城河相依。城墙逶迤起伏，如巨龙盘踞。护城河曲水环绕，如彩练飘舞。河内长年清波荡漾，城内到处绿树成荫。这种建筑形制，在我国古城遗存中可谓举世无双。

第二节 文史溯源

相传，商汤时期，山东泰山南侧有一个部族，因族民素有崇龟的习俗，由“大龟”合文为“奄”，作为部族的名字。

后来，奄族因追随商纣，周武王讨伐商纣时被灭国，族民迁移至山东曲阜东部。数年后，周成王继位，奄族又因牵涉“三监”之乱，再次被王叔周公旦平定叛乱时赶杀。奄族遭难，族民只能拥护新君周成王，并迁徙至淮夷之地。但周成王担心奄族还存有谋反之心，欲赶尽杀绝，于是率兵亲征。奄君无奈，只能再次率领家眷和族民向东南方逃避。

他们逃到长江边，却被滔滔江水阻拦。奄君听得追兵杀声越来越近，急得手足无措，仰天长叹一声：“不能护我奄族，我愧对子民啊！”说罢，欲跳江自尽。此时，他随车携带的一只乌龟突然开口说道："主公无需忧虑，吾受主公大恩，必将助主公渡过此劫！"说罢跳下车来。这只乌龟生得奇怪，长有六只脚，被他人嫌弃，是奄君自幼饲养。殊不知，这只乌龟是那东海里的大力神将，为了报答奄君的收养之恩，决定帮助奄君。只见这六脚乌龟飞快爬到水边，伸长脖子喝起水来。但听得水流哗哗作响，被乌龟大口吸入肚中。不一会儿，乌龟变得大如巨石一般。六脚龟示意奄君和族民们站到它的背上。待大家全部站上去后，六脚龟嘱咐他们千万不可睁眼。

六脚龟一声长啸，顿时狂风大作，飞沙走石；六脚龟中间两只脚变成一对巨大的翅膀，腾空而起，一眨眼的工夫便飞过江面。落在南岸后，六脚龟收回翅膀，向东南方飞快爬去。族民站在龟背上虽然稳当，只是听得耳边呼呼风声，都吓得抱成一团，谁也不敢睁开眼睛。也不知过了多长时间，六脚龟爬到了江南一片沼泽荒地，终于累垮了，它停下脚步，转身看背后是否还有追兵。当它艰难地转身向西北方看，只有一望无际的荒芜的沼泽地，才放下心来。不料，它这一转，却再也无力动弹了，仅仅一炷香的工夫便气绝身亡，身体慢慢地陷入沼泽地里，显出一个方圆数里的龟形图案。奄君和族人见状，放声大哭。

奄君觉得这里气候宜人、水土丰沃，又远离周朝，决定在这里安营扎寨，隐姓埋名，改族名为"淹"，奄君则改称为“淹君”。为防御外侵，安定民心，淹君号召族民们凿沟为堑，堆土为城，定都于此，建立小国，名曰淹国。

脍炙人口的神话传说变异成多种不同的版本，展示了百姓们对淹城由来的不断猜想。一如它的名字，这座古城曾“淹”没在历史的长河里，渐渐淡出了人们的视线。

一座城池应该有文化的痕迹，一个没有文字的城池是不可思议的。千古春秋，多少文人骚客来到淹城吟诗作赋，诸子百家在淹城碰撞出思想的火花。人们翻阅了大量文史资料，试图找到一些文明的符号。

一段相关的记载逐渐浮出水面。南宋史能之所撰的《咸淳毗陵志·古迹》有载：“淹城，在县东南二十里，与武进接界。《越绝》云‘吴故地有淹君城’，是也。其城三重，周广十五里，壕堑深阔。旧传水涸，劚得朽木可宿火。近岁尚有之。或云：古毗陵城。《舆地纪胜》：‘毗陵县南城，古淹名地也。故为延陵吴季子所居。’”

这是第一次在史志记载中确切提到“淹城”二字，并揭示了它的地理方位和形制特征，与江上悟和陈松茂二人探访的这座古城遗址相吻合。

“《越绝》云‘吴故地有淹君城’，是也。”史能之在文中还提到了《越绝》一书里说吴国以前的地域范围内有一座淹君的城，并表示认可。

这本《越绝》指的应该是东汉袁康、吴平二人共同编撰的《越绝书》。那么，书中究竟讲了什么内容呢？“淹君城”就是这里所说的淹城吗？

《越绝书·卷二·外传记·吴地传》中主要介绍了吴地的概况。它以吴大城为中心，介绍都城规模、水陆交通、郊野形势。叙事次序依次为苏州、无锡、毗陵（也就是如今的常州）。其提到毗陵时说：“毗陵，故为延陵，吴季子所居。毗陵县南城，故古淹君地也。东南大冢，淹君子女冢也。去县十八里。吴所葬。”

毗陵，从前是延陵，吴国季子的封地。在毗陵县南边有个城，从前是古代淹君所属之地。在淹君地的东南边，有一座大墓，是淹君子女的墓，离开县城十八里。吴国安葬的。

南宋史能之将书中提到的“城”和“淹君地”理解为“淹君城”，并简称为“淹城”。从此，那座三城三河的古城有了一个新名字。

淹城既然是淹君地，那么这位淹君是什么时代的什么人呢？我们再往前追溯有关淹君的记载，却都是一页一页的空白。

上述古籍中都提到了一个历史人物季子，他就是旷世圣贤季札。

季札（约前 576 年—前 484 年），是春秋时吴国人，吴太伯的十九世孙，吴王寿梦的第四个儿子。寿梦继承了吴国王位。在吴王寿梦的四个儿子中，四子季札不仅博学多才，且品格高尚，所以寿梦认为今后由季札即位，吴国一定会更快富强起来。年事已高的寿梦有意要将王位传给季札。四兄弟之间平时相处和睦，兄长们也都欣赏季札的德行才干，认为他最足以继承王位，所以都争相拥戴他即位。但是季札不肯受位，坚持要顺应礼制，由长兄即位，并甘愿尽心竭力辅佐王兄。寿梦见季札坚辞不受，只能下令，待他天年之后，四个儿子按长幼次序传承王位。群臣愕然，私下里想：只听说为了争抢王位，兄弟相残，还没听说互相谦让，将王位拱手相让的。季札的厚德感动了吴国百姓，他们如同众星拱月般，一心想要拥戴季札为国君。不得已之下，季札悄悄出走，退隐于山水之间，成日在舜过山（今常州武进焦溪境内）躬耕劳作，以表明他坚定的志节，才彻底打消了吴人的这个念头。

无奈之下，长兄诸樊继承了王位。公元前547年，诸樊于伐楚时战死沙场。遵照寿梦遗嘱，次子余祭即位。王兄余祭将季札召回，册封延陵，号为“延陵季子”。据史料记载，延陵“其邑境南抵太湖，北达长江，东毗吴，西含云阳”，包括今常州（含武进）、无锡（含江阴）、丹阳诸市（县）地域。

自此，常武地区迎来了一位贤主，季札也被尊为常州的人文始祖。作为吴国的储君，季札受封于延陵之后，他不可能居住在荒野草棚子里，而应该有一座自己的城池。季札封邑，辖区较广，但自古以来，学者们普遍认同延陵邑的治所应在今常州市境内。

因此，我们将公元前 547 年，季札离开当时的吴国国都，作为常州历史的开端。常州拥有了长达 2500 多年有准确纪年和确切地名的历史。在中国所有的城市中，有自己明确的开城日期的城市很少，而常州成了例外。

淹城的出现，不禁让人思索，季札是否曾将其作为封邑的治所呢？

如果他将淹城作为自己城邑的治所，很可能与一个人有关，他就是吴王阖闾。吴王阖闾是季札的长兄诸樊的长子，又称公子光。季札的三哥余昧去世后，其长子州于继承了王位，称为吴王僚。本想继位的诸樊长子公子光心中不服，不甘居其下位。因此，深有城府的公子光一直暗中伺机夺位。

公元前 515 年，公子光趁吴王僚伐楚班师回国之际，以庆贺为由，设宴招待吴王僚。吴王僚爱吃“鱼炙”（烤鱼），他便派勇士专诸把剑藏在鱼腹中，趁上菜之机刺杀了吴王僚。这就是历史上著名的“鱼腹藏剑”专诸弑僚的故事。公子光登上了觊觎已久的吴王宝座，史称吴王阖闾。吴国的让位家风，演变为同室操戈、手足相残的悲剧。季札因不满吴王阖闾刺杀吴王僚篡位，立誓终身不入吴。

据此，有学者认为，淹城可能曾被季札作为其封邑的治所，以示其淹留之心。“淹”与“留”，都有停留之意，组合为“淹留”。

老一辈人说，在淹城的东北，还有个留城，遗址在今武进区湖塘镇何留墅村。据《武阳志余》载：“留城在淹城东五里处，大小如淹城之内城。”据世代居住在何留墅村的居民说，留城过去原有一圈完整的土城垣，城垣由未经夯打泥土所筑，形状为方形，周长大概 500 米左右。当年留城的土城墙高大，不下于淹城。城的南面还有一条大河，其余三面均有小沟环绕。城址四周经常出土几何印文陶器和原始青瓷残件。1978 年冬为改造河道，当地农民将留城土城垣上的土填到旧河里用以造田，留城逐渐被废，成了稻田。

令人感到奇怪的是，凡记述留城的地方志，基本上都把留城列在淹城的条目内一起记述，说明淹城和留城有一定的关系。淹城和留城很可能是同时建筑，似乎在表示同一个目的。

那么，淹、留二城是何时所筑，又是作为何用的呢？一部祖传的宗谱里隐藏着一个有关淹城和留城由来的惊人秘密。

在淹城护城河的堤岸上，曾经有几座小村庄，村里居住着近百户居民。有趣的是，村庄中的原住居民大多姓窦。村民们说：他们窦姓的家族世世代代都居住在淹城，已经有很多年了。窦氏家族究竟在淹城生活了多少年？这个家族是否了解淹城和留城的历史呢？

窦氏家族有一部宗谱，而宗谱由一位名叫窦义生的老人保存。据窦义生老人介绍，《淹城窦氏宗谱》初修于明朝，后来在道光二十九年、光绪年间和民国十二年又经过了三次续修。宗谱中记载了淹城窦氏的源流。最早的一支为隋朝燕山窦公的后裔，明清以来窦氏是淹城人数最多的一个家族。按照老辈传下的规矩，凡窦氏家族的成员不允许与外界通婚，这种规矩一直延续到 20 世纪 90 年代，才逐渐被一些新潮的年轻人打破。民国十二年距离现在已有 90 多年，中间经历过战争烽火，也有过时代变迁。窦义生老人的祖居地最早是在淹城的内城。听老辈人说，他们村在古代是淹城办事机构所在地，而且这里还建有一座窦氏宗祠，是淹城内唯一的一座宗族祠堂。1969 年淹城村生产队将这座祠堂改做织布厂，后毁于火灾。窦氏族人的祖先很有可能就是淹城早期的居民。

翻阅《淹城窦氏宗谱》，发现在宗谱卷一的《淹城记》中记载了一则颇有价值的信息，或许可以揭示淹、留二城的由来。

据宗谱载：“相传吴越争霸，越子为质于吴，被拘于斯，不得还国，自哀其羁縻之情，乡思之切，因以淹、留名城。”

质子，指古代派往敌方或他国去的人质，一般由王族子弟等出身贵族的人担任。秦始皇的父亲秦庄襄王、秦始皇的曾祖父秦昭襄王、战国燕太子丹等都曾经做过质子。秦始皇的父亲子楚曾在赵国做质子，后得吕不韦相助，返回秦国。

文中的“越子”指的应是越王勾践。这句话的意思是：吴越争霸，越国败降，越王勾践俯首称臣。吴王夫差把越王勾践作为人质，监禁在此，不能回国，因其思乡心切，将此地命名为淹城、留城。

公元前 494 年，在太湖水面上爆发了中国历史上第一场大规模的水战，史称“夫椒之战”。这年，越王勾践得知吴王夫差为报先王阖闾被越军击败杀死的仇恨，正加紧训练军队，准备攻越，遂不听大夫范蠡的劝阻，决定先发制人，出兵攻吴。吴王闻报，悉发精兵击越，两军战于夫椒山（今江苏太湖洞庭山，一说今浙江绍兴北）。结果越军大败，损失惨重，仅剩 5000 余人，退守会稽山（今浙江绍兴南）。吴军乘胜追击，占领会稽城（今浙江绍兴），包围会稽山。越王勾践眼看大势已去，无奈之下只好向吴王夫差求和，被迫成为了战俘，前往吴国侍奉吴王三年。

我国古代的监狱最早起源于夏代的丛棘，亦称酸枣树。

酸枣树茎上的尖刺坚硬锐利，为了惩罚战俘和奴隶，到山上砍来酸枣树，编成围墙，将他们困入丛棘之中。西周时期有了一定规模的监狱体系，还建立了短期监禁的“嘉石”制度，“囹圄”是囚禁罪犯并强制进行教育使之改过的“通常之狱”，而关押有罪但够不上肉刑的轻犯人“罢民”的狱城叫“圜土”，地方的监狱称为“狴狱”或“犴狱”，暂时羁留犯罪嫌疑人的场所叫“稽留”。

然而史书记载，吴王夫差囚禁越王勾践的地方是一座石室，史书中却没有指出其确切位置。

留城的“留”字是否取意“羁留”呢？淹城和留城都是囚禁越王勾践的庞大监狱吗？

史书记载，吴王阖闾在伍子胥和孙武等一班贤臣的辅佐下打败了楚国，志得意满的阖闾令伍子胥筑造大小两城，大城即今苏州城，小城即阖闾城。阖闾城分东城和西城：东城较小，在今无锡市境内；西城较大，跨今常州、无锡两市边界，大部分在武进区雪堰镇城里村。东西两城连为一体，合起来形状颇似一只古人的鞋履，长约 1300 米，宽约 800 米。如今，阖闾城的外城已模糊不清，仅存一段城墙，内城城墙保存良好。城内兵器库、练兵场、点将台等遗迹依稀可辨。

有学者推测，吴王阖闾争霸天下，除了在战场上杀了无数的兵卒，还在邻国俘获了许多战俘。这些战俘多为战败国的王公贵戚，而且其中女眷也甚多。阖闾要把这么多的俘虏囚禁起来，就必须要有一座庞大而坚固的监狱。吴王阖闾和其子夫差平时在阖闾城居住,要提审战犯的时候，从淹城把越王勾践等人提到阖闾城来审问。而留城是关押女犯的地方，吴国的贵族可以从留城里提取一些越国的女眷供他们享乐。因此，阖闾城、留城和淹城的地理位置相关相连。

《史记》载："二十三年十一月丁卯，越败吴。越王勾践欲迁吴王夫差于甬东，予百家居之。吴王曰：'孤老矣，不能事君王也。吾悔不用子胥之言，自令陷此。'遂自刭死。"公元前 473 年，越国打败吴国。越王勾践想把夫差流放甬东，给他百户人家，让他住在那里。夫差说："我老了，不能再侍奉越王。我后悔不听子胥之言，让自己陷到这个地步。"于是拔剑自刎，吴国灭亡。

由此推测，早年越国战败后，吴王夫差也曾将越王拘禁于某地生活。史籍记载，吴王夫差对越王勾践采用教而赦之的方法侍奉他，让越王勾践替自己驾车养马。《吴越春秋》载："吴王登远台，望见越王及夫人、范蠡坐于马粪之旁，君臣之礼存，夫妇之仪具。"当年范蠡陪同越王勾践入吴为质，其间范蠡与勾践仍以君臣相称，崇道尚礼。那么，吴王夫差拘禁越王的地方，就是淹城和留城吗?

窦氏宗谱是从隋朝年间才开始有了记载，隋朝据春秋相隔近千年，而其他的经史子集类著作中都没有提到淹城是囚禁越国质子的地方。目前尚没有相互佐证的史料，也没有相关的出土文物，这段记载还有待考证。

淹城为三道城墙、三条护城河的形制。兴建淹城是一个巨大的工程，需要耗费大量的人力、财力。吴国没有必要花那么大的人力和财力，专门筑造这样一座城池作为关押越王的地方。但是，如果这座城池本身早就存在，顺便用来拘禁人质，倒是顺理成章。

如果淹城不是吴王夫差为囚禁越王所筑，那么它会是何人、为何而筑的呢？

淹、留二城如一胞孪生，定曾有过它们的辉煌。如今，“淹”在而“留”去，季子的贤能、质子的无奈，给人们留下了无限的畅想。

第三节　考古探谜

江上悟和陈松茂二人虽有很高的文化修养，但当时他们对考古学并不了解。为了搞清楚淹城的历史并使淹城得到较好的保护，二人便决定邀请著名考古学家来淹城进行一次访古旅行，希望以此推动对淹城的研究，扩大淹城的知名度，增强地方政府和当地群众对淹城的保护意识。

1935 年 5 月 12 日，在江上悟和陈松茂的盛情邀请下，考古学家张凤（时任暨南大学文学院院长）、蒋大沂（后任上海博物馆主任）、郭维屏等几位先生一起到淹城做访古旅行。他们在遗址内不但捡到了一批几何印纹陶片，约有三四十种，而且还捡到了一枚可能是史前新石器时代遗留下的石球，可谓收获颇多。

正是这枚石球的发现，才引起卫聚贤先生对淹城遗址产生兴趣，促使他两次来淹城做考古调查。卫先生是当时著名的考古学家，时任南京古物保存所所长，已参与主持过南京的新石器文化、明故宫和栖霞山三国墓葬等遗址的发掘，擅长田野考古，经验丰富。他是中国现代考古学的奠基人之一，著有《中国考古学史》等具有影响力的代表作。

衛聚賢

衛君年十五經甫於甘肅十八入高級小學校肄業時即着手下級自治及歷過中學十四年於山西商專校卒業旋京入師大史地研究科十五年考入本校研究院而於下級自治之進行始終未忘以先從村縣建設方面着手至今成效頗著每語人云自信下級自治在中國有擴充之必要及可能然以求學假爲餘事耳其學專注意於上古史時研究左傳以左傳係卜子夏所纂又著有一得錄以齊桓公代大夏西至波斯頗多奇異之談閒現又注意於地下開掘其爲學究上古政見主下級均能成功與否當有待於後日耳　自述

《清华学校研究院同学录》里的卫聚贤

1935 年 5 月 26 日和 10 月 26 日，卫聚贤先后两次来淹城做考古调查。第一次与卫先生同行的有蒋大沂、黄中英、金祖同、陈志良，明确了淹城遗址的现状，拾得数百片古陶片和三四件石器。第二次与卫先生同行的有刘德明、陈志良，在内城里面西部的城基下发现了文化层，还从村民处找到一个完整的陶器和一些陶片。

卫聚贤从陶器和陶片的器型特点、纹饰花样、制造工艺等初步判断，这些都是春秋时期的东西。春秋时期几何印纹陶较盛行，原始青瓷比较发达。

考古调查结束后，卫聚贤和陈志良将研究的成果写成了《奄城访古纪》，在书中进行了较为细致的分析，并发表在上海《新闻报 · 新园林》上。

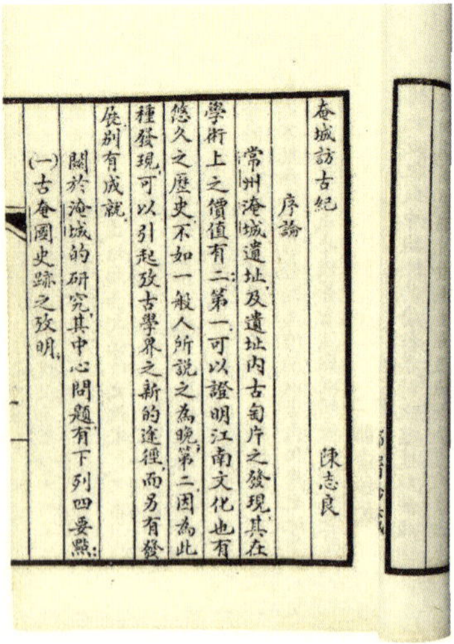
奄城訪古紀

序論　陳志良

常州淹城遺址及遺址內古匋片之發現其在學術上之價值有二第一可以證明江南文化也有悠久之歷史不如一般人所說之為晚第二因為此種發現可以引起攷古學界之新的途徑而另有發展別有成就

關於淹城的研究其中心問題有下列四要點

(一)古奄國史跡之攷明

《奄城访古纪》

江上悟和陈松茂还将淹城常有古物发现的情况告知了当时在上海任教的我国著名历史学家、武进籍名士吕思勉先生，并邀请吕先生来淹城做访古旅行。吕思勉在给《奄城访古纪》

作跋中云："民国二十四年，江君上悟，言其地多古物，乃偕钱君志炯及女冀仁德游焉，以不闲考古之学，无所得。"

《奄城访古纪》提出淹城起初为周初山东奄族南迁后的居留地，是奄族聚居的大村落。春秋晚期，吴王欲囚越质子时，在这里筑造了很小的土城，即今子城。因为奄族聚居之地，以族名地，故名奄城。后因"奄"和"淹"两字相通，又叫淹城。汉代，又在原址扩充，筑今内城，作为毗陵县的治所。隋末，沈法兴窃据称王时，重新修筑子城和内城，另筑今外城，遂成现状。

1935 年，日本帝国主义开始在华北制造事端，意图吞并华北，民族危机日益加深，爱国学生呼吁停止国共内战，全国人民团结起来，一致对外抗日救国。

淹城遗址被发现，让处于战火动荡的中国感受到了文明的延续。一时间，淹城名声鹊起，成为国人争相去往的地方。

《奄城访古纪》发表后，在当时学术界引起了不小的轰动。淹城发现的古陶片在上海展览，引起了江浙沪等地学者的关注，成为 1936 年 8 月 30 日在上海成立"吴越史地研究会"的缘起之一，在江浙沪形成了一股不小的吴越古文化研究的热潮。

但很快，抗日战争的烽火波及了这片宁静的土地。直至 20 多年后，淹城的沉寂在 1958 年被打破。

“风和日暖淹城到，绿的杨柳红的桃，黄的菜花开满郊。河里鱼儿跳，树上鸟儿叫。大家携手向前跑，快乐又逍遥。”一群天真烂漫、无忧无虑的孩童们哼唱着春游歌，成群结队跟随着大人们的脚步，欢快地向淹城的护城河边走去。

这是1958年的一个春日，为了响应国家的号召，淹城村农业合作社发起了积肥运动，结合开辟鱼塘，社员们一起在淹城的内城河里筑了河坝，把一段围在坝里的河水抽干，准备挖取淤泥，用来制作肥料，给农田施肥，以提高农作物的产量。

河里的淤泥很深，上面是一层薄薄的稀泥，中间是约1米厚的黑色泥炭土，由树木、草叶和杂物堆积而成，最下面一层是烂污泥。

青壮年们纷纷摩拳擦掌，手握长柄大木勺，或赤脚或穿靴，将河里的淤泥一勺勺舀出来挑到岸边。

然而，就在村民们将内城河东面一段河内的水草清理干净时，一件意想不到的事情发生了。村民们在河底的水草里发现缠着一条硬硬的船形一样的东西。村民们心里嘀咕：这会是什么呢？

大家小心翼翼地将它周围的淤泥取出。经过细致的清理、考证，发现这是一条古代的独木舟。

随后，在最下层的烂污泥里又惊现两条完整的独木舟

独木舟出土处

（当时未从河内取出），以及好几件制作精美的陶器和青铜器。

大家欢呼雀跃，消息传开，轰动一时。听当地的老人说，那时，每天来看热闹的人们蜂拥而至，人山人海。

这些文物首次展示了淹城的文化面貌，使人们重新思考淹城的历史和性质。

有学者认为，淹城的特点是无陆路可通，仅有水门可进。淹城不具备都城的功能和规模。根据淹城遗址的形制和出土的青铜刀、剑、镞等冷兵器推断，淹城很可能是一座军事城堡。修筑淹城，很可能是用来训练和驻防水陆军队。

1965 年夏天，淹城村的村民在淹城的内城河清理河底的淤泥。当村民们将护城河内的水抽干时，在河底的淤泥里又相继发现了两条独木舟。这两条独木舟的帮部和头部已有些朽烂，直接取出很可能会散架。因此，大家请来竹匠，用毛竹在独木舟的外围编了一个竹筐，将独木舟全部罩在竹筐内，形成上部中空的保护罩，再慢慢从水内取出。

这一年，考古工作者还在淹城遗址采集到青铜矛、青铜锸、带长柄铁矛、铁刀、原始青瓷鼎、原始青瓷簋、印纹硬陶坛等文物，对认识春秋时期的农业和手工业水平有重要价值。

1974 年，当时的武进县博物馆在城西桑树田采集到印纹硬陶坛等文物，在内城河东段再次发现一条独木舟。同年，常州市博物馆在内城河采集到铜锛、铜镞等文物。

经过对独木舟的碳 14 测定，考古工作者认定这些应属于西周晚期到春秋早期的文物，时代大约在公元前 955 年前后，距今约 2900 年。

从当时已出土的青铜器来看，其纹饰精细，具有浓厚的地方色彩，其铸造技术已完全进入具有地方风格的成熟时期，其年代为西周晚期至春秋早期。这批青铜器精美绝伦，非一般人所能拥有，说明在春秋早期之前就有地位显赫的人物在淹城居住。

同时，淹城至今没有发现与季札相关的历史文化遗存，也没有发现与季札相关的文物。季札是春秋晚期公认的一位不羡千秋王位、视富贵如秋风的贤士，其三让王位之美德一直被后人称颂。他还是一位闻名列国的政治外交家，曾为吴国几度出使过其他诸侯国，并留下许多佳话。如此有影响的人物，不可能没留下一点相关的历史文化遗迹。

据考证，季札死后葬于江苏江阴的申港。春秋时期江阴、申港和丹阳均属于延陵辖区，至今这里还保存有与季札相关的历史文化遗迹。

考古出土的文物表明，淹城的历史至少要早于季札500 年。因此，淹城不可能是季札所筑。

显然，淹城也并非如考古学家卫聚贤和陈志良等人推断的那样，于春秋晚期吴王欲囚越质子时开始建筑。

那又是谁筑造了淹城呢?

为了进一步了解淹城遗址的历史年代、城池的功能和性质，1983 年 5 月，江苏省吴文化研究组、常州市博物馆、武进县淹城管理处三家联合举办“江苏省第三次吴文化学术座谈会”。随着江南新石器时代和商周文化面貌逐渐为人所知和吴文化研究的深入，淹城已作为吴文化的一个专题，被放在了一个更高的位置进行全面的考察。与会专家、学者对吴国城址，包括淹城作了各方面的论述，提出不少新观点，从而开拓了思路、开阔了眼界，使淹城的研究受到种种启发。在讨论中，代表们深感科学考古资料的不足，一致认为要搞清楚淹城的历史及筑城年代问题，有赖于考古工作的突破。

1986 年 5 月 9 日至 8 月 8 日，由南京博物院、常州市博物馆、武进县博物馆等单位联合组成的“江苏省淹城遗址考古发掘队”，对淹城遗址进行了第一次考古发掘。

由于子城河的河水接近枯竭，部分河道已经被当地的居民种上了水稻，考古发掘队只能先对子城墙、内城墙和外城墙进行发掘。发掘结果显示，外城墙淤泥积层厚约 4 米，淤泥层中夹杂有大量的碎陶片。

当考古工作者在北子城河向下挖至约 3.5 米深处的时候，竟然发现了许多呈原始状态的大树根桩，而河道的中间还有一条约 4 米宽的自然小溪；也就是说最初在筑淹城时的地面，应该在子城河下方约 3.5 米深处。

城墙内土层堆积、厚薄不均，层面不平。考古工作者推断，当初在筑建城墙时，并不是采用挖基槽和夯打的方法，而是利用开挖护城河的土，平地堆筑而成。

曾有学者认为，淹城遗址是分三个阶段筑造而成，最早建的是子城，其次是内城和外城。经过考古发掘，一举推翻了这个说法。从三座土城墙发现的文物和土质等分析，淹城应该是于同一时期一次性筑成。

城墙的始筑时代可能为西周晚期，筑成时代或增筑时代为春秋早期。同时，在子城河内发现了西周晚期和春秋中期的堆积。春秋中期的堆积应是在淹城废弃时形成的。

那么，在这一时期建筑淹城的会是谁呢？

卫聚贤和陈志良在《奄城访古纪》中曾提到淹城起初为周初山东奄族南迁后的居留地。奄族在商末周初于山东曲阜之东建立了一个小国，名为奄国。

相传，奄国在周成王时期与商代后人勾结，发动叛乱，被周成王所灭。奄国在周公东征时，其国都曲阜被灭，奄君也被周公所杀。周公不但杀了奄君，而且还将奄国宫城毁掉，并把原址挖掘成一个池塘。周公东征胜利结束后，封周公长子伯禽以奄国旧地，成立鲁国，赐殷民六族。奄国被灭后，一部分人做了鲁国的奴隶，贵族和一部分百姓则逃往南方，迁至今天的淮河下游一带定居，重新建都立国。在新奄君的苦心经营下，国力大增，再次联合两个小

子城发掘现场（摘自南京博物院《淹城：1958—2000年考古发掘报告》）

子城探方全景（摘自南京博物院《淹城：1958—2000 年考古发掘报告》）

子城门全景

国反周。此时，周成王正式执政，并且亲自征讨奄国，奄国再次被灭。战败后的奄国越过长江，迁至江南定居。

淹城城墙修筑的年代与奄族南迁定居的时间相吻合。淹城是否就是南迁后的奄族所筑呢？新奄君就是《越绝书》中记载的“淹君”吗？考古工作者还要寻找更多的证据。

从1987年11月至1991年7月中旬，淹城考古发掘队对淹城遗址又进行了4次正式的考古发掘，包括城内的部分地段、外城内西部的古河道和头墩以及城外的几个土墩。

发掘结果显示，头墩确属墓葬，而且是苏南地区屈指可数的一座大墓。这座大墓能葬在外城内，说明墓主人与淹城有着一种特殊关系，其地位和身份都比较显赫。

2000年3月，配合武进烈士陵园平整土地，考古工作者又对淹城遗址进行了一次抢救性发掘，发掘了淹城外部土墩中的龙墩，揭示龙墩也为一座墓葬。

随着考古工作的深入，人们对这些墓葬不禁产生了疑惑。

假如淹城是山东的奄族南迁所筑，奄族迁徙过来的时候，肯定会把当地的风俗习惯、一些使用的器物带过来，奄族也会用他们的手工艺技术在这里制作生产、生活用品。但是，我们从墓葬出土的文物里，没有找到任何与山东奄国有关的东西。

从考古工作者清理出的几座墓葬中出土的文物大多是原始青瓷器和几何印纹陶器，依据器物造型和纹饰判断，头墩大墓的时代为春秋中期，而奄国属于西周晚期。据此可确定淹城头墩大墓的墓主不是奄国人。在发掘的墓葬中有一座属于西周时期的墓室，也就是说在春秋以前，淹城就有人在此生活和居住。

经过综合分析，考古学家推定淹城建筑于西周晚期，主要使用于西周晚期和春秋早期，在春秋中期基本废弃。

西周至春秋时期，中原周王朝实行分封制，把土地和人民分封给王族、功臣和先代的贵族，各地建立诸侯国。诸侯国初始范围有限，小的诸侯国不过现在的一个县级行政区范围。当时，长江下游地区也存在多个方国的可能。

淹城或许就是某位王族权贵世代经营而留下的一个方国中心。在这里，他发号施令，以王者之尊独享江南的温柔乡里。至春秋时期，诸侯兼并，弱小的淹国不过是以卵击石，必然在争霸称雄中沦陷。权贵们弃城而逃，留下一座空城，似乎一夜之间在历史的长河中销声匿迹。

数次的考古发掘，数以千计的珍贵文物，没有明确明文记载的青铜器，淹城依然显得扑朔迷离，连考古学家也难以做出判定。于是，各种猜测风起云涌，各种版本的传说纷纷出笼，莫衷一是。至今，淹城的来龙去脉仍然没有盖棺定论。今天，淹城的工作者们默默地守护着这座千年古城，或许有一天隐藏在淹城里的未解之谜，会在人们的期盼中逐一揭开。

第二章

听淹城故事

神幻如迷的淹城，引发人们思接千载、神通万里的无尽遐想与感慨，关于淹城的民间故事也就诞生了。民间故事是劳动人民集体创作的与一定的历史人物、历史事件和地方古迹、自然风物、社会习俗有关的故事。民间故事与历史有着千丝万缕的联系，但它又不等同于历史，它是民众历史情感的公开流露与抒发。

第一节　传说故事

虽然几千年过去了，古老而纯净的淹城似乎仍带着当年的水气，拉近了我们与历史的距离，演绎出更为丰富的传说故事。或是美好或是悲壮的神秘传说牵动着人们好奇的心理，甚至令人魂牵梦萦。因为这些美丽的传说，淹城的土岗、河水不再是冷冰冰的，而变成了有生命的、能激起人们丰富情感的物质载体。

一、甘露丽人

相传，淹君生有一女，公主自幼聪明伶俐，乖巧可爱。淹君夫妇甚是疼爱，视为他们的掌上明珠。

在淹城东北处的外城郭上，过去长满了茂盛的甘露，百姓们都称之为甘露城头。甘露城头的甘露叶又阔又长，每天清晨，甘露叶片上都会积聚许多露水，每一滴露水都好似银白色的珍珠，晶莹剔透，在晨光中闪闪发亮。

勤劳的公主擅长种桑养蚕、纺纱织布，经常到城外指导百姓生产劳作，途中路过甘露城头时，总爱收集那甘露叶上的露水到随身的小木桶里服用。这露水汲取了日月的精华，形似凝脂，甘甜爽口。喝了这甘露可以健脾胃、清肝火，静心怡神，美容养颜。

公主常常服食这甘露叶片上的露珠，时日一长，竟然越发美丽，出落得灵秀动人，到了豆蔻之年便成了一位绝丽佳人。更令人惊喜的是，公主喝了这甘露之后，歌声也越来越动听，如百灵鸟鸣啼一般清脆而又婉转。于是，百姓们都称她为“百灵公主”。

淹国的百姓看着越发俊美的百灵公主，也得知公主日日饮用这甘露，都在传说：“我们公主现在这么美，一定是甘露能变美！”百姓之间一传十、十传百，传得神乎其神，甘露的神奇功效一下传开了。老百姓不论男女老幼也都纷纷效仿百灵公主：少男少女吃了甘露越发俊俏，年长者用后身体渐渐都好起来了，故而大家都称它为“琼浆玉露”。

甘露在后代也被视为了神物，上至帝王、下至百姓都不例外。汉武帝时，以金盘承接甘露混合玉屑服用，唐代杨贵妃每日清晨吸吮花叶上的露水来止渴。民间传说的观音菩萨手持净瓶里的水，也是甘露，用来治病消灾。

二、摇铃警钟

据传，淹城内城的东南端有一段城墙，名为“摇铃城”。因当时的淹国在此建有岗楼，并悬挂一口硕大的“摇铃钟”而得名。摇铃铜钟重约八十公斤，中间系一重约十八公斤的铜锤。外壁铸有铭文，记录着原料来源、铸造年月和浇铸工场。

这口摇铃钟有三大特点：一是能定风辟邪。相传，这摇铃钟是用风波铜浇铸而成。风波铜来之不易，是由铜勺、铜铲刀磨损的微粒沉淀而成。一般的铜制成的器物，风一吹就会发出“铃铃”的响声，容易扰乱人心，而这风波铜有定风辟邪之功，大风到此绕行。摇铃钟在大风中稳如泰山，丝毫不受干扰。二是声音清脆响亮，传音深远。外敌来犯时，只要敲击摇铃钟，全城军民都能听到警示而进入

泉

临战状态。三是能起到“雷达”的作用。每当外敌来犯，摇铃钟就会自动发出“嗡嗡”的响声。这或许是物体共振的原理，犹如耳朵贴近地面能听到脚步声、马蹄声一样。

当时，淹国百姓把摇铃钟传得神乎其神，称它是举世无双的“宝铃钟”。这摇铃岗楼也被列为军事重地，有专职干将看守。

位于淹城的东北方有一小方国叫留国，留王父子野心勃勃，觊觎淹城已久，一心想要吞并淹国。这会鸣警的摇铃钟成了他偷袭淹城的一大障碍，也成了他的一块心病。

留王命人到淹国设法骗取摇铃钟。留王打探到摇铃钟的守卫是个贪财恋色之徒，便暗中送去大量黄金、珠宝和几位美女。留王还铸造了一口假的摇铃钟，与守卫商议企图将摇铃钟掉包。孰料，摇铃钟的守卫严辞斥责道："全国军民的性命都系在这口宝铃钟上，我决不能做这种祸国殃民的事！"

留王父子见骗取摇铃钟失败，只能试图偷袭，侥幸取胜。是夜，北风凛冽，寒气逼人，月亮钻入云层，星星隐去光辉，伸手不见五指。淹城军民经过一天劳作已进入了梦乡。留王父子一看这大好时机，准备来个偷袭。他们强渡了外城河，又悄悄攻入外城。在这千钧一发之际，摇铃钟发出的"嗡嗡"声惊醒了淹王。淹王立刻从塌上一跃而起，披挂上阵，率领随从来到摇铃岗楼。见守岗士卫已倒在血泊之中，淹王率领将士将攻入岗楼的敌军前哨杀退，立即敲响摇铃钟报警。睡梦中的淹城军民听到警铃声，纷纷出动，迎战敌人，使留国的偷袭没有成功。

三、雾夜袭城

相传，野心勃勃的留王日日盘算着如何吞并淹国以实现强国大业。一天夜里，留王辗转难眠，于是起身走出房间，在深广的庭院中来回踱步。许久，他驻足仰首，望着当空皓月，愁眉深锁的留王不禁仰天长叹："苍天呀，我是何等的勤勉治国，为何难以强大，难道连一个小小的淹国都难以征服吗？”秋雾浓锁，即使月光皎洁，一切仍看起来朦朦胧胧。留王看着远处一片雾蒙蒙，一遍遍捋着胡须。忽然，他计上心来，想出了一条雾夜袭城的计谋。他得意一笑，似乎对自己的计谋非常满意，转而对着天空深深作揖：“真是天助我也！天助我也！”

第二天，留王就挑选了数千强将，配好装备，加紧操练，只等着浓雾月黑之时偷袭淹城。机会终于等来了！这天深夜，秋雾浓重，几乎伸手不见五指，留王亲自率领数千强将，来到了淹城外围。四周寂静无声，淹城军民劳作了一天，早已进入梦乡。外城河的索桥上，只留了几个守岗的哨兵。留王见这大好时机，立即指挥将士们偷袭攻城。索桥上的岗哨没能逃得过偷袭，欣喜的留王准备带兵悄悄攻进外城。孰料，索桥上的声响惊动了桥下独木舟上守岗的哨兵，他们惊觉可能有敌来犯，遂立即启动防卫措施。一名哨兵划着独木舟迅速进到内城，通知了守城侍卫，鸣响了摇铃钟。一只只独木舟在护城河中横向一字排开，宛如一座水上堡垒，水兵们在独木舟上用长矛对付索桥上的敌军。留国士兵以为神不知鬼不觉，哪知淹城的护城河里还有水师值岗，一个个都被长矛刺得站立不稳，鬼哭狼嚎，纷纷跌落水中。其余留国士兵见状，哪个还敢过桥，加之淹国已全军出动，留国士兵一个个吓得仓皇逃跑了。

第二节　历史故事

千百年来，在这块土地上，出现了季札、孙武、吴王阖闾、越王勾践、萧衍、岳飞等带有传奇色彩的人物，发生了许许多多带着历史文化印记的故事。这些历史人物的故事，彰显出淹城的厚重底蕴。

一、孙武讲兵

孙武，春秋齐国人，字长卿。春秋末年，诸国并立。齐国内部，卿大夫之间的倾轧斗争非常严重，田氏、国氏、高氏、鲍氏四大家族更是明争暗斗，此消彼长。孙武的叔叔司马穰被诬告谋反，怒气之下箭疮迸裂身亡。孙武在痛心叔父惨死之余，为躲避迫害，也为实践他指挥千军万马、导演战争奇观的人生抱负，携妻带女，千里迢迢逃到吴国，隐居淹城，在河边建起草庐，一边隐居一边研究兵法。

淹城城河浩阔，水波荡漾。孙武每日在河边练武，看着满河好水，深受启发。“胜利者指挥人民作战，就像在八百丈高处冲下深溪里的积水那样，这是一种力量的表现呀！”孙武感慨道。

杀死胞兄吴王僚而刚刚登上宝座的吴王阖闾，此时正求贤若渴，派大臣伍子胥找寻天下贤士。伍子胥来到季札的茅庐，请季札出山。季札推辞，向伍子胥推荐孙武。伍子胥向吴王七次举荐孙武，想让吴王阖闾重用孙武，被吴王拒绝。伍子胥献上孙武的兵法策略，吴王看后，对孙武无比敬佩，亲自登门请孙武出山，并举行了盛大的仪式，封孙武为大将军，但是被伯嚭和恩伯将军反对。

某日，吴王阖闾假意大醉，令孙武演练宫中妃子侍女，试探孙武的练兵手段。伍子胥等人却觉得军练并非儿戏，请阖闾收回成命，阖闾不肯。伍子胥别无他法，只好请阖闾让他做监军。校场上，吴王的两个爱妃做队长，宫女做兵。因为两个妃子嘻嘻哈哈，不听指令，为了严整军纪，孙武发怒，命人处斩眉、皿二妃。宫女们被震慑了，规规矩矩地听从了号令。吴王封孙武为吴国左司马，兼统三军。孙武整顿三军，三军兵强马壮，纪律严明，孙武深得吴王钦佩。

吴王阖闾野心勃勃，有称霸之意。吴国所在的江南地区，水网纵横，有“水乡泽国”之称。水是吴国的命脉，吴国修建的城池都分布在河流水口的交通要道，而淹城位于吴国领地的东南部，有稳定东南防线的作用，主要可以防御越国。

孙武替吴王出谋划策，利用淹城三城三河的有利布局，将此地作为一座水上军事堡垒，领兵驻军在淹城。

孙武在淹城的草庐中，与阖闾、伍子胥促膝相谈，讲兵论战。

孙武掬一捧水说：“水从险陡的地势上流下，被地势所激，流得飞快，以至能冲去石头，这是气势造成的。善于出奇的，就像天地那样变化无穷，就像江河那样奔流不息。战争规律，有点像水。水的规律，避开高处而向低处奔流；战争规律，避开敌人坚实的地方，而向敌人的弱点攻击。水因地形而制约它奔流的方向，作战则根据敌情而决定它取胜的方针。所以，作战没有固定方式，也像水没有固定形态一样。能根据敌情变化而取胜的，就叫做用兵如神。”孙武从水琢磨战争的形势和规律，水成为他谈兵论战的喻体。

孙武在实战中完善了他的《孙子兵法》，从此名扬天下。《孙子兵法》共有十三篇文章，又称“十三兵经”。他在书中第一次用“知己知彼，百战不殆”概括了战争规律，并认为决定战争胜败有五事“道、天、地、将、法”。道，即政治修明是首要因素。

公元前 512 年，孙武班师回朝后，就不知去向，吴王阖闾曾多次到淹城寻找，但一无所获。孙武的下落直到现在都是一个千古之谜。

他写的《孙子兵法》是世界上最早的兵书。孙武制定了一系列克敌制胜的战略战术，他的军事思想被历代所推崇，直到今天还被世界各地所研究和运用，孙武也被誉为兵学鼻祖。1972 年在山东临沂出土的汉代竹简是中国迄今发现的《孙子兵法》最古老的版本，证明早在汉代时，《孙子兵法》就已经独立成篇。

…草庐近景

…草庐远景

孙武的孙子孙膑，写了《孙膑兵法》，成了又一部传世之作。

淹城遗址公园内现有一座孙武草庐，面水而筑，水雾氤氲，恬然清静。后人为表达对他的敬仰和怀念之情，修缮了这个茅屋。

二、萧衍建庙

南北朝时期，梁武帝认为淹城跟皇家有很深的渊源，这要从淹城北边的宝林寺说起。

宝林寺，始建于南北朝时期，原名法华寺。如今的宝林寺是在原址重修而成。相传宝林寺是南朝梁武帝的家庙，他为什么在淹城修建寺院呢?

梁武帝，名萧衍，南兰陵即如今的江苏武进人，是南梁政权的建立者。南梁是南北朝时期南朝的第三个朝代，都城在江苏南京。

公元 502 年一天，萧衍举行登基大典，但是内心却觉得自己的皇位是从南齐皇帝手中篡夺而来,担心皇位不稳。

萧衍吸取南齐国灭亡的教训，勤于政务，呕心沥血，还在宫前设置了两个盒子，大臣和百姓若有意见和建议，可以写成文字投放进盒子里。

肺石函，是大臣投放建议的盒子；谤木函，则是寻常百姓投放建议的盒子。

尽管如此，萧衍仍担心自己皇权不稳。大臣奉承他，说淹城是龙脉所在，萧衍被他夸得很高兴，下旨要做三件事：一是把毗陵南城改名为兰陵，二是为老家的百姓免除赋税，第三就是建庙。

为了保住所谓的龙脉，萧衍下旨在淹城的旁边建四座家庙，最大的法华寺，即如今的宝林寺，完全按皇家寺院的规格，当地百姓又称皇业寺。

萧衍自认为有龙脉保佑，从此更加励精图治。他提倡廉政，十分节约，并以身作则，一天只吃一餐饭，平时吃

林寺

蔬菜和豆类，以粥充饥。这在古代皇帝之中是十分罕见的，堪称“劳模皇帝”。

公元527年，萧衍不知道从何时开始吃斋念佛，甚至脱去龙袍，舍身出家了。大臣们追到寺院苦苦哀求，最后只能凑钱捐献给寺庙，为萧衍赎身。

据文献记载，萧衍曾四次出家，最短一次是4天，最长一次51天，法号三宝禄。他的佛学著作、翻译的经文在《四库全书》里大约有1000多卷。

萧衍反对杀生，提倡素食，是汉传佛教素食主义的开创者，还创立了儒、道、佛“三教同源”说。

萧衍还下令全国信佛，在梁朝建佛寺达2846座，当时的和尚尼姑有82万人。

公元549年，大臣侯景叛变，将梁武帝围困在皇宫内，撤换了他所有的宦官侍卫，切断了他的饮食供给，将他软禁在台城。

几十天后，萧衍病逝，终年85岁，是中国历史上少有的一位长寿皇帝。

三、岳飞屯兵

过张溪赠张完

无心买酒谒青春，对镜空嗟白发新。

花下少年应笑我，垂垂羸马访高人。

岳飞（1103—1142年），字鹏举，宋相州汤阴县永和乡孝悌里（今河南安阳市汤阴县程岗村）人，中国历史上著名的军事家、战略家，民族英雄，位列南宋“中兴四将”之首。开篇这首诗为岳飞元帅所作，收录在清康熙三十四年（1695年）《常州府志》卷32中。

宋建炎四年（1130年）春天，金兵攻打大宋，不少城池失守，宋高宗赵构派岳飞领兵对敌。

当时岳飞正在江苏宜兴、常州，浙江长兴，安徽广德一带作战，鉴于常州淹城的地理位置很特殊，进出只有一条水路，易守难攻，成了岳飞屯兵驻扎的首选之地。

金兵进攻常州，情况紧急，岳飞带兵对敌之时，主持江防的大臣刘光世却临阵逃跑，东京留守杜充则带着库银和3000多将士主动投降了金兵。

岳飞为了稳定军心，传令在常州淹城兵营集合。他把位于淹城外城的一座高高隆起的土台子当做点将台，发表了一番慷慨激昂的讲话。

岳飞的豪言壮语激发了将士们抗战的决心，就连之前杜充手下四散逃窜的将士们也被激发起了保家卫国的决心，回到军中听从岳飞的调遣，参加抗战，逐渐成了抗金的主要力量。

金军被岳家军连败，只能打游击战。一天深夜，金兵突然发兵进攻宜兴，岳飞率领岳家军去对敌，击溃金军。

岳家军纪律严明，作战骁勇，是当时抗金的主力部队。岳家军在常州、宜兴等地开展的抗金斗争中，还帮助当地百姓造桥梁、固堤坝，与百姓们结下了深厚的情谊。

岳飞从小刻苦读书，尤喜兵法，从小力大过人，拜了名师学习武艺，每天勤于练习射箭，练就了左右开弓、百发百中的好箭法。

传说，岳飞离家抗金前夕，母亲姚氏在他背上刺下了“精忠报国”四个大字。这四个字也成了岳飞一生所严格遵奉的人生信条。

岳家军军纪严明，奖罚分明，而岳飞平时也很体恤部下，关心士兵，对牺牲的将士的家属也特别关照，皇上的赏赐他也都平分给部下。

岳飞特别注意练兵，并把自己的射箭技巧无私地传授给属下，因而岳家军作战勇敢，多次以少胜多。

在对抗金人的过程中，岳飞总是因地制宜，部署兵力，使金人的骑兵优势无法发挥，只能节节败退。

公元 1129 年底到公元 1131 年初，岳飞在太湖边的常州淹城驻扎，经历了抗金战役 10 余次，奠定了岳家军发展的基础。

公元 1140 年，岳飞挥师北伐，大破金兵于郾城后，创作了传世名作《满江红》，抒发了他扫荡敌寇、还我河山的坚定意志和必胜信念。

公元1142年1月，因遭受秦桧等奸臣陷害，岳飞被害。

岳飞一生身体力行，生活简朴，廉洁正直，从不计较

飞点将

个人得失。

如今，这一切都成了历史，而岳飞当年在常州淹城屯兵备战鼓舞士气的点将台，寄托了人们心中对岳飞这位英雄无声的纪念，同时也是淹城悠久历史的一段见证。

岳飞与淹城故事的流传也体现出当地百姓对忠义与傲骨的推崇。

第三章

品淹城神韵

淹城尘封着一堆堆神秘的往事和一团团历史疑云，格外耐人寻味。然而，在人们心目中，历史的真相似乎并不是那么重要，这座古城展现在我们面前的古朴苍茫与秀美幽静更引人怀想。

清康熙年间曾在淹城重修古刹，当时的碑文这样描写淹城："淹溪古迹，曲水环围，苍松郁秀，颇类空山无尘绝俗之境。"民国时期，淹城窦氏族谱中留有一篇《淹城记》："泌水之乐，东山之卧，衡门之栖，钓台之依，悉若斯城之天然成趣味，是以游目骋怀，极我视听之娱耶！"

淹城至今风韵犹存，其精彩与珍贵之处，在于它几乎拥有完美如初的风貌，并飘逸着一股股原始情趣。漫步古城头，左右带水，绿树掩映，芳草如茵。春天桃红柳绿，夏季珍禽飞舞，秋日枫红桂黄，寒冬万树银装。泛舟护城河上，绿树、云天、土城、浅苇倒映水中，风生水起，碧波荡漾。舟在景中，人在画中。静听老人们讲述古老的传说，如入桃源胜境，使人忘却烦恼，心旷神怡，超然自得，流连忘返。

人们迷恋着淹城的空灵雅致、清新脱俗，陶醉在淹城

淹城樱花

淹城关雎桥

淹城关雎桥

的旖旎风光里，也在淹城中寄怀着自己崇尚自然、高蹈世外的文人情趣。

第一节　三城三河

淹城之奇，奇在这三城三河。河水滋养着土城，土城依偎着河水，城水相依，环环相套，犹如迷宫一般。它新奇精巧，瑰异卓越，观者无不惊叹筑城者的奇思妙想。从空中俯瞰整个古城，恰如一只半掩半露于茫茫水色中的巨龟，又如一条静静盘卧的巨龙，还像一个三重的“回”字。

子城，当地又称“王城”“紫禁城”，呈方形，周长约500米，位于内城的偏北部。子城墙宽10米左右。子城门位于子城墙南部正中位置，宽约2米。子城河环绕子城墙，现宽30—45米。子城河长时期以来就一直为农田，从其地势低洼来看，隐约可见似有古河道。

淹城内城墙

内城，或称“中城”，当地又称“罗城”，近似方形，周长约1500米，位于外城的偏北部。内城墙墙基宽30余米，城高约11—15米，上宽约

城墙远景

10—15 米。内城河环绕内城墙，宽 50—70 米。

外城为不规则的圆形，周长近 2500 米。外城墙城高在海拔 8—10 米之间，宽度 25—40 米。外城河环绕外城墙，深而宽广。清道光《武进阳湖合志》载："广可十五丈，深亦不减三丈。"实测其河面宽度为 50—80 米，最宽处的龙潭（又叫龙泉）一带达 80 米。外城河保留有始筑于明代的河坝作为进入淹城的出入口。

外城河之外尚有一道外城郭。外城郭为不规则圆形环

淹城护城河春色

绕外城河，周长近3500米。城高海拔8—9米，宽度在30—40米。

淹城虽规模不大，但形制较为规整，有规整的三道城墙，特别是子城和内城都呈方形，这说明建城前是经过精心设计的，而且应是参考了《考工记》中的周王城图而设计的。方形城池是先秦时期城市建设的基本形制。《考工记》中的周王城图是自新石器晚期以来至商周时期，我国城池建设的总结，对后世城市规划建设产生了深远的影响。淹城的建造明显是受到这种传统的城池建设思想的影响。所谓“筑城以卫君，造郭以守民”这个原则都是共同的。此外，淹城的内城周长约三里，而外城壕之外的外城

成护城河秋色

成护城河雪景

郭周长约七里，这和《孟子》一书中记载的“三里之城，七里之郭”也大体吻合。但是，淹城的建造是在江南水乡地区，故又有其自身特点。比照中原地区东周时期的古城址，如赵邯郸城、齐临淄城、郑韩故城等，多为主、外两城，主城或内城为方形，外郭城或称外城有的呈方形，有的则为不规则形，有的外郭城偏在一边，内外城每面都有3个或多个不等的城门；而淹城则是比较规则的层层相套，且三城外均有护城河环绕，子城、内城和外城均只有一个城门进出，而且外城门和内城门均为水门，淹城完全由水道进出。

中原地区历来筑城最常见的方法是采用版筑法，而淹城的三道城墙均呈梯形，系用开挖护城河所出之土堆筑而成。因这里的土质黏性较大，故筑城墙时不挖基槽，从平地起筑，一层一层往上堆土，不经夯打，就能使城体坚固。堆积层厚薄不一，层面也不平，有的地方铺一层干土、一层湿土，依次相间。正因为不用板夹，故城墙筑得较宽。

这样的工程在当时需要多少劳力、耗时多久才能完成呢？有学者推算，淹城挖河筑城工程的土方总量达140万立方米。淹城建筑于西周晚期，当时青铜制品主要用于祭祀的礼器和用于战争的兵器，另外还有乐器和车马器，农业和手工业生产也使用一些青铜工具，但数量较少。我国目前发现的最古老的冶炼铁器是甘肃省临潭县磨沟寺洼文化墓葬出土的两块铁条，距今约3500年。这表明，当时铁制工具尚未广泛使用。由此推测，挖河筑城时金属工具尚未普遍使用，主要还是使用木、石或陶制作的工具。秦始皇统一中国时，仅有2000多万人口，国土面积500万平方公里。假定淹城当时有1万人口，而能参与挖河筑城的劳动力为3000人。这么多劳力，即使每天干12个小时，按每个劳力每天完成1.5立方米计算，这些工程也需要近一年半的时间才能完成！再结合当时的自然条件，雨雪天气不能正常施工，播种收割季节需要忙于农事，如此推算，实际竣工所需时间还要更长。这座三城三河的古城，可谓淹民们艰苦卓绝、奋斗创业精神的丰碑。如此浩大的工程，难怪后人会演绎出“双龟造城”等借助神力的传说了！

相传，为纪念六脚龟的大恩大德，淹君下令按地面的龟形图案开河筑城，希望让神龟永远留在族民身边。然而，开河筑城的工程巨大，而族人在沼泽地行走十分困难，加之工具简陋，劳动效率低，所以开河筑城的进度十分缓慢。此事愁得淹君日难进食、夜不成寐。

这天晚上，淹君又愁思交加，一直苦思冥想，直至凌晨才昏昏欲睡。在睡梦中，他忽然看见神龟满身创伤，从门外走来。淹君连忙上前去迎接。神龟对淹君说：“开河筑城工程浩大，实属艰难。你可到我的腹中掘穴，有两只小龟会帮助你们。”说罢，神龟用爪扒开肚膛，顿时鲜血流淌。淹君见状，大哭而醒。次日，淹君依梦中神龟所言，在龟形地中央挖掘起来。半天工夫，挖成两个丈余深穴，见穴洞之中果然卧眠一黄一白两只小龟。淹君小心翼翼将两只小乌龟捧起。谁知这两只小乌龟见风便长，不一会儿便长成丈余见方，“呼”的一声钻入沼泽地里，按照龟形图案拱土造河。

两只小乌龟拱呀、堆呀，一连三天三夜，终于拱出了三条环形河，筑成了三道环形城。城河雏形完成后，两只小乌龟又恢复原形，跳进那两个深穴卧眠不动了。

淹城还有一个特别的地方在于外城高于城外陆地，内城高于外城，子城高于内城，子城是地势最高的地方。此外，淹城曾是“八浜通四方”，外城河由 8 条放射状河道

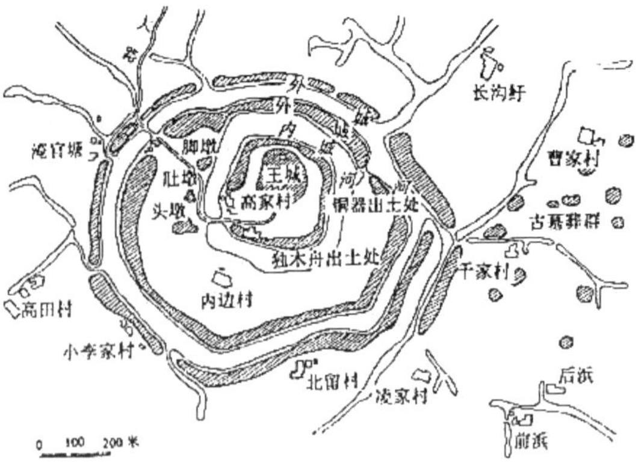

淹城遗址平面图

与外界相通，即便到了现在，外城河的南北端也都有河道与外界相连着。淹城周围河流纵横交错成网状水系。古城遗址位于中心位置，是整个区域地势最高的地方。三条护城河的面积约占古城总面积的70%，容量可达190万立方米，且河深超过城外的河渠。为什么会设计成这样的格局呢？

水太多则可能有涝灾，水太少则可能有旱灾。奇怪的是1934年江南水乡大旱，淹城却无旱象，河水清净悠扬。1991年的7月，常州遭遇了百年一遇的特大洪水，总降水量达到了895毫米，当时整座城市几乎都陷入了汪洋之中，淹城外围所有的农田、村庄都淹没了，然而只有淹城这个地方却安然无恙。淹城地处长江和滆湖之间，北面与长江相通，南面则与滆湖相连，再通往太湖。按理说，淹城这个地方应该是极易受到洪水威胁的。但是虽然处在这样一个危险的位置，可不论是从南面来的还是北面来的洪水却都淹不到它。

有学者认为，正是因为淹城的种种奇巧设计，才使得它既能蓄水又能防洪。雨量丰沛时，河水自动向城外河道溢出；雨量稀少时，河水汇聚足以自用。三条护城河水量丰满，循环转通，互为补充，可保良田旱涝保收、五谷丰登。河水清澈甘甜，水藻可见，没有污染，水质极佳。因此，河内所产鱼虾肥大鲜美，莲藕翠嫩爽口，颇为驰名。

淹城护城河荷塘

不仅如此，据周围的乡亲们回忆，改革开放前，淹城大队种植的水稻拿去交公粮，交到乡里的粮站，它的价格要比其他生产大队交的水稻高出 1 分钱 1 斤。从不枯竭的盈盈好水哺育了生活在淹城的代代子民。城与河的科学布局，又可以调节城内的小气候，使淹民在宜人的自然环境中人人康乐。

第二节　土墩兀立

遥远处，稚嫩的童声依稀传来："内高墩、外高墩，四周林立百余墩，城西踞高狮子阵。瞭望墩，指挥墩，昼烟夜火信号墩，守卫防御战略墩。跑马岗，摇铃墩，均在内城偏南向，墩北集兵练武场。外罗城，有四墩，头墩脚墩中肚墩，正东高地磨盘墩。”民谣中的狮子阵是指有10多个土墩相互靠近。

淹城内外散列着许多大大小小的土墩。在外城内的偏东面，有个占地近10亩的土墩，俗称“磨盘墩”。在外城内的西部，有3个高大的土墩由南向北一字排开，俗称“头墩”“肚墩”“脚墩”。头墩和脚墩高出周围地表约7米，分别占地约4000平方米。肚墩高出周围地表约4米，占地约1333平方米。

这3个土墩为何有如此奇怪的名称呢？民间盛传着一个凄婉的传说。

相传，冬去春来，百灵公主年方十六时，长得亭亭玉立，有沉鱼落雁之容、闭月羞花之貌。百灵公主不仅模样好生美丽，而且心地善良，知书达理，能歌善舞，通晓琴棋书画，更有一手娴熟的种桑养蚕、纺纱织布的技艺，是一个才貌双全的勤劳姑娘。人见人爱的百灵公主使得上门求亲者络绎不绝，但她都不肯应允。

后宫有一孟姓管家，生一男孩，取名为炎，与公主同年同月同日出生。孟炎自幼天真活泼，勤奋好学，十分惹人喜爱。年复一年，孟炎风流倜傥，英俊潇洒，天文地理，无不精通，骑马射箭，武艺超群，是淹国出类拔萃的年轻后生。

头墩

肚墩

脚墩

百灵公主与孟炎青梅竹马，两小无猜，平日里经常结伴到城河边嬉戏玩耍，乐不思归，日复一日，他们结下了深厚的友谊。

留王父子妄图吞并淹国，可是淹城有三城三河，固若金汤，而且淹王早已命人在城墙上遍种狗蒺藜，长满锐刺，密密匝匝，连狗都钻不进，俨然是一道道天然屏障，攻而不破。留王为此始终心存不甘，有一天他召集文武大臣，再次商议灭淹事宜，内侍大臣柴贵献上一计，留王听了连连点头。原来柴贵有一位远房表舅木大夫，在淹国任内务大臣，他爱财如命，但诡计多端，平时擅长拍马奉承，因此深得淹王信任。数天后柴贵备足金银财宝，与留王子以使者身份来到淹城，用重金收买了木大夫，并与木大夫密谋灭淹之计。次日木大夫带领柴贵和留王子到淹君殿觐见淹王，献上厚礼，并表明来意：留王欲与淹国永结同盟，共同抵抗外敌。为了让淹王放松警惕，达到尽快灭淹的目的，木大夫对淹王说，留王为表示诚意，愿将王子入赘淹国为驸马，永结秦晋之好。淹王膝下无子，又见王子彬彬有礼，心想如果两国联姻，一是门当户对，二是淹城日后定会更加太平，于是答应择日完婚。淹国的护卫大臣窦干得知消息，前来劝告淹王说，留王野心勃勃，木大夫诡计多端，善者不来，来者不善，千万不要上当受骗。为了实施火攻淹城的计划，巧舌如簧的木大夫建议淹王在三道城墙上种满从留国带来的扁豆，一来可作为联姻纪念，二来观赏之余还可食用。淹王觉得有理，便命人照办。柴贵和王子告别了淹王和木大夫回到了留国，把经过情况一五一十向留王作了禀报。留王见淹王已经上当，心中窃喜，只等时机到来。

淹王不听窦干劝告，立即召见公主，把决定招留国王子为驸马的喜讯告知公主。谁知公主听后坚决不肯答应，淹王大怒，但又无可奈何，于是招来木大夫商议。木大夫再次强调与留国结盟的重要，并建议淹王当机立断，让公主与留国王子早日完婚。百灵公主自从知道父王要把她许配给留国王子，成天闷闷不乐，坐立不安。有一天她在侍女的陪同下来到河边散步，对侍女说出了她心中的烦恼。

侍女听后十分同情，愿为公主穿针引线，于是立即找到孟炎，转告了淹王的决定和公主的心思。孟炎又惊又喜，不知如何是好。当晚百灵公主和孟炎在侍女的帮助下，相约来到桑树林，两人敞开心扉，互诉衷情，直到月上树梢还在相依相偎，难分难舍。淹王欲招留国王子为东床驸马的消息传开后，文武大臣议论纷纷，护国大臣窦干再次提醒淹王当心引狼入室，并表示坚决反对。木大夫怕夜长梦多，阴谋败露，再次对淹王说要想百灵公主与留王子完婚，必须让孟炎立即消失，断了公主念想。淹王听罢决定连夜行动。木大夫对淹王的谗言和他们的行动计划，被前来为淹王敬茶的侍女偷听得一清二楚，并立即禀报了百灵公主。公主听罢心急如焚，决定让孟炎趁天黑离开淹城。于是在侍女的帮助下找来独木舟，把孟炎送出淹城。夜深人静，天上乌云密布，木大夫与士兵手执刀棍鬼鬼祟祟，来到孟炎住所，破门而入，谁知屋内空无一人。忽然间听到城外河里传来水声，他们赶到岸边，只见一条独木舟正向对岸驶去，站在船上的正是百灵公主和孟炎。孟炎上了对岸久久不愿离去，公主在船头泪如雨下，千言万语，说不完的思念之情，两人约定除奸之时就是他们的团圆之日。木大夫把百灵公主送走孟炎的经过禀报了淹王。淹王恼羞成怒，不顾大臣们的劝说，把公主五花大绑，关进了后院柴房。护卫大臣窦干得到百灵公主被关押的消息，火冒三丈，怒气冲冲地闯进了淹王殿，当面揭穿了木大夫吃里爬外、里通外国的阴谋。木大夫阴险狡猾，心狠手辣，诬告窦干以下犯上，扰乱朝纲，有谋反之图，淹王听信谗言，当即下令将窦干打入水牢。淹王又不顾百灵公主坚决反对，将留王子招为驸马。留王子来到淹国，见百灵公主长得如花似玉，心花怒放，得意扬扬。自从百灵公主被强逼与留王子完婚后，成天以泪洗面，日夜思念流落他乡的心爱之人，无论侍女怎样劝说，始终难解心结，脸上终日不见笑容。从此木大夫与淹王形影不离，满嘴尽是甜言蜜语，拍马溜须，哄得淹王晕头转向，成天吃喝玩乐，沉溺于酒色之中。盛夏到来，木大夫与留王子陪同淹王到城头赏景，看到种的扁豆枝藤缠绕，花紫叶绿，十分漂亮，便称赞木大夫为淹国立了大功。淹王以为与留国联姻成了亲家，淹国再无后顾之忧，因而不打理朝政，不操练军队，宫内人心涣散，文武大臣个个唉声叹气。转眼到了冬天，北风呼啸，扁豆枝叶干枯，点火即燃。留王子眼看时机已到，偷偷跑到城头，向留国发出了攻城的信号。留王一声令下，埋伏在淹城四周的留国士兵，用带火的弓箭射向城墙，点燃了密密层层的枯枝败叶，顷刻之间整个淹城变成了一片火海。淹国军民四处扑火，城内乱作一团。木大夫与留王子里应外合，留国军队趁机攻入城内，烧杀抢夺。淹国士兵毫无准备，节节败退。不到一个时辰，留军已经攻入了内城，而淹王还蒙在鼓里。淹君殿上仍花天酒地，歌舞升平，与歌姬、舞女们寻欢作乐。此时百灵公主正在房内绣花，忽听城外杀声阵阵，又见城墙上火光冲天，知道父王已中奸计。她冲上城头，敲响警钟，号召军民抵御外敌。窦干在楼内听到钟声，知道淹国大难临头，于是砸开牢门，冲了出去，只见城内到处硝烟滚滚，满目焦土，心中又急又恨。留王子趁机潜入后宫，偷了淹国的镇国之宝白玉龟，正欲逃离，被窦干发现。窦干大喊一声“捉贼”，并立即追了上去。淹王听到叫喊声，让木大夫出去看个究竟。木大夫回报说百灵公主里通外国，火烧淹城，并盗走了白玉龟与留王子逃跑了。淹王听罢信以为真,暴跳如雷,命木大夫立即捉拿百灵公主。此时留军已将王宫团团围困，淹王成了瓮中之鳖，淹国危在旦夕。正在危急关头，城外杀来一路人马，个个威武勇猛，把留军打得落花流水，四处逃窜，领头的就是当年被公主送出淹城避难的孟炎。原来孟炎离开了淹城，来到滆湖边上，湖王看他武艺高强，封他为守湖大将军，从此他日夜操练士兵，统领了一批精兵强将。当孟炎得知留国攻打淹国的消息，他担心百灵公主和父老乡亲的安危，带领士兵跃马扬鞭，前来救援，把留军打得落花流水，四处逃窜。留王子偷了白玉龟，正向城外逃窜，被前来救援的孟炎拦住去路，与前来追赶的窦干前后夹击，杀了留王子，夺回了白玉龟。此时木大夫已将百灵公主五花大绑押到王宫，淹王怒不可遏，不问青红皂白，拔出佩剑，砍向百灵公主，并碎尸三段，宫内顿时鲜血满地。木大夫见心患已除，大功即将告成，立即露出狰狞面目，朝着淹王奸笑几声，拔出短剑步步紧逼，淹王吓得面如土色。说时迟那时快，忽听“咣啷”一声，木大夫手中的短剑被及时赶到的孟炎挑起。孟炎把他打倒在地，淹王终于转危为安，保住了性命。孟炎见公主被杀，悲痛欲绝，抱起公主大声责问淹王究竟是怎么回事。淹王指着木大夫，半晌说不出一句话来。窦干把木大夫收受贿赂，勾结留王，以招留王子为驸马为由，伺机灭淹的阴谋和留王子偷盗白玉龟的经过，一五一十告诉了淹王。淹王听罢恍然大悟，捧着失而复得的镇国之宝白玉龟，看着躺在血泊之中的百灵公主，痛心疾首，后悔不已。淹王下令将木大夫斩首示众，一面命人在城内挖土造坟，以王家最高规格厚葬百灵公主，并将她的头、肚、脚分葬三处，后人称之为头墩、肚墩、脚墩。

翌年春天，淹王来到墓地，亲手培土植树，以示对百灵公主的忏悔和怀念。孟炎因救国立了大功，被淹王任命为护国大臣。他回到淹城，日夜陪伴在百灵公主身边，保卫国家，淹城也从此恢复了往日的安宁。

百灵公主的结局是凄凉悲怨的，却更激起人们对人性仁慈与美丽的追求。随着时间的流逝，金钱、权力都化为尘土，而善良美丽的百灵公主和至真至性的感情却在人们口头永久地流传。而今的头墩、肚墩、脚墩，每至春天，格外郁郁葱葱。风从林子里拂掠而过，如同百灵的哀怨歌声。

《越绝书》载：“东南大冢，淹君子女冢也。”这三个土墩真的是淹君之女的墓葬吗？

1991年，考古工作者对头墩进行了发掘，揭示出一东西长约20米、南北宽约6米的大型积炭墓。根据现场分析，墓里有可能使用了棺椁一类的葬具，只是因为年代久远，棺椁已经腐烂掉了，仅剩下朱红的漆皮依稀可辨。在整个墓的底部发现了大量的积炭，厚度达到50厘米左右。木炭的主要作用是防潮和防虫。随葬器物集中在墓室的西端，共出土原始青瓷器和几何印纹陶器等近300件。这是同时期同类型墓葬中规模最大的一座。而从淹城出土的珍贵文物中，还有7件套编钟、三轮铜盘等大量青铜器皿，足以证明墓主人身份非同凡响。墓中还出土了50多个陶纺轮和一些玉珠。中国的传统文化是男耕女织，陶纺轮出土于女性墓的可能性最大。发掘出的文物似乎与传说相吻合。

新中国成立初期，淹城周围约有土墩170个，在上世纪50年代，许多土墩被挖为平地。20世纪80年代有土墩79座。仅城西和偏西北就有大小土墩25个；城南离城不足一里处，有土墩3个；城东面仅干家村附近，就有土墩 18 个；城东北有土墩 5 个。说明城外四周土墩的分布还是较有规律的集中式分布。这些土墩一般高 5—7 米，直径大多在 25—30 米之间，亦有小到 11.5 米，最大者达 45 米左右。目前在外城郭周围 500 米范围内，尚有 10 多个相对高度 3—4 米的土墩。

后经考证，淹城内外的这些土墩大部分都是西周至春秋时期江苏南部地区流行的土墩墓，一般都出有成组的原始青瓷器和几何印纹陶器等。城内为一墩一墓，可能为贵

头墩发掘现场

头墩墓葬红色痕迹带

头墩墓葬全景

头墩墓葬出土文物

族墓葬；城外为一墩多墓，可能是平民的家族墓葬。土墩墓发掘结果表明，江南地区当时已经进入了阶级社会，出现了贫富分化的现象，客观上促进了社会经济的发展。

第三节　古井沧桑

随着自来水的普及，如今的水井已经渐渐地淡出了我们的生活，但是对于有些年纪的人来说，水井曾经是生命的源泉，曾经是故乡的情结，一口口古井默默承担着一段段历史和文化，镌刻在人们的记忆深处。

在子城内有 3 口周代的水井，井口都呈圆形，而井内深处都收为方形。其中有一口古井极具特色。这口古井与现代的砖石结构水井不同，它由竹木构成，是砖瓦发明之前的产物。这口井深约 8 米，口径 7 米。井内深约 6 米处发现一个边长约 1 米的正方形竹木框架，其四角竖立着直径约 10 厘米的木桩，木桩之间以直径 1—2 厘米的竹子编织的竹排围成方形墙面，故谓之“竹木井”。整个竹木框架的平面呈“井”字状，与已确定的甲骨文中的“井”字完全吻合。

那么，这些木头和竹子又有什么作用呢？江南盛产树木、竹子，睿智的淹城先民们发现这些圆柱形的木桩可以起到很好的支撑作用，可以防止土坑水井坍塌。而竹子既有强度又有韧性，密排成竹壁后，可以起到过滤地下水的

淹城竹木井

竹木井井口

作用。这样的竹木井堪称淹民创造的杰作。

相传，淹城的子城内原有两口水井，分别叫作“金井”和“玉井”，是帮助淹民们挖河筑城的一黄一白两只小龟卧眠的深穴。

黄色小龟居住的金井中有金门槛，每当天空出现“七巧云”的时候，金井中便鼓乐声声，井口金光闪闪。另一口玉井中，白色小龟每隔 10 天生蛋 1 枚，蛋大如拳、晶莹剔透。蛋日积月累，不断在井底堆积，以至井内如星光闪烁，白玉生辉，因此大家便给它取名白玉龟。据说这白玉龟产的蛋具有神奇的功效，凡人服下之后，吃 1 枚可祛疾，吃 2 枚可壮体，吃 3 枚可延年，长期服食之后更可返老还童。当然，一般人难以吃到，只有积德大善之人方可享用。

淹君对这两只小龟视如珍宝，派人好好看护。淹君还怕这两只神龟冷清，特地在这两口井的周围种上花木，好引来飞鸟鸣虫为它们作伴，并且建起了亭子，营造了花园。最后才在花园前建造了自己的宫殿。两只神龟通灵性，每当有自然灾害或有外来侵犯时，它们便会爬出井口，伏在井栏上，伸长脖子向宫殿眺望，成了淹国的镇国之宝。

这座竹木井是否就是传说中的“金井”或“玉井”，我们不得而知。但它一定哺育了一代又一代生活在淹城的先民，是江南市井文明的重要标记与历史见证。

淹城白玉龟

人类的生活离不开水，因此早期人类几乎全部临水择居。水井的发明，使人类首次能够远离河、湖等天然水源，主动拓展生存空间。通过水井发明前后的新石器时代的遗址分布情况不难发现，人类古文化遗址的分布面骤然扩张，数量翻了多倍，密度大大增加。

那么，水井是由谁发明的？在哪里发明的呢？中国历来有“黄帝穿井”“伯益作井”的传说。东汉王充《论衡·感虚篇》引尧帝时的《击壤歌》云：“吾日出而作，日入而息，凿井而饮，耕田而食，帝何力于我哉？”说明尧时已有水井存在了。《吕氏春秋·勿躬》说：“伯益作井。”但考古发现证明，水井的发明、完善以及广泛普及，一定是一个较漫长的历史过程，并非一朝一夕由哪位圣人发明的；它是新石器时代先民在生活实践、经验积累中的产物。

中国是世界上最早开发利用地下水的国家之一，而长江下游地带可能是我国最早开凿水井的地方。浙江河姆渡古文化遗址发现的一口木构水井是目前已发现最早的水井，距今已有6000年的历史。它由200多根木桩、长圆木等组成。分内外两个部分，外围是一圈近圆形的栅栏桩，直径约6米，面积约28平方米。里面是一个方形竖井，边长约2米，面积约4平方米。井底距当时地表约1.35米。

成语“背井离乡”就深刻体现了“井”的意义。它是乡土的主要象征物，过去一个村子至少有一口水井，村民世世代代围绕着它生活。我们的祖先创造了丰富多彩的水井类型，如圆形、方形的筒井、管井以及新疆的坎儿井等，其中许多老井至今仍在使用。一口口各具特色的水井，是劳动人民智慧的结晶，见证着历史的变迁，留存着时代的印记。水井的发明，开发了人类的生存地域和资源，从而极大地推进了人类社会发展的进程，在中国乃至人类文明史上具有不可估量的意义。作为后人，保护古井，既是保护厚重的历史文化，也是我们义不容辞的责任。

第四章

赏淹城遗珍

淹城不仅有着这样美妙的江南景致，也有着它古朴的历史风貌。20 世纪以来，随着周边的农业生产、考古发掘、城市建设等的开展，淹城遗址内陆续出土了 1000 多件珍贵的历史文物。

其中，保存较好、可以复原的器物大约有 850 件，年代可以追溯到西周晚期至春秋时期，包括保存完好的独木舟和造型优美的青铜器、纹饰繁多的几何印纹陶器和形态各异的原始青瓷器。另外，还出土了少量的宋代遗物，有瓷器、釉陶器、石器和铁器等。

这些文物制作精美，表明当时淹城不但有很多工匠技师，而且有相当高的工艺水平。淹城出土的这些稀世文物，无不焕发着历史的光芒和青春！它们蕴含着淹城先民的集体智慧，是先民留给我们后人的宝贵财富。

它们等待着我们潜心刻苦地解密、识读和诠释。淹城先民的历史，一定印刻在这些文物之中。

下面按照材质类别，将出土的重要文物作一下介绍。

第一节　木器

淹城遗址出土的木器主要为 4 条独木舟。这些独木舟距今已有约2900年的历史。它们加工精巧，头部微微上翘，整体呈尖头方尾形（也有一种说法是分为梭形和尖头方尾形两种形式）。木质有楠木、柏木和楮木。1958 年出土的独木舟长约 11 米、宽约 1 米、深度近 0.5 米，由现在的中国国家博物馆收藏并陈列展出。1965 年出土的两条独木舟，一条长 7 米多，另一条长 4 米多，均收藏于南京博物院。1974 年出土的独木舟尺寸较小，长 4.75 米、宽 0.56 米。由于制作年代较早、数量最多、保存最完整，淹城独木舟享有“天下第一舟”的美誉。

1992 年，为了满足广大游客观赏独木舟的需要，武进县淹城博物馆向南京博物院借回一条独木舟，修复后进行展出。现陈列在春秋淹城博物馆展厅内的独木舟长 7 米多、宽约 0.7 米、深度近 0.4 米。

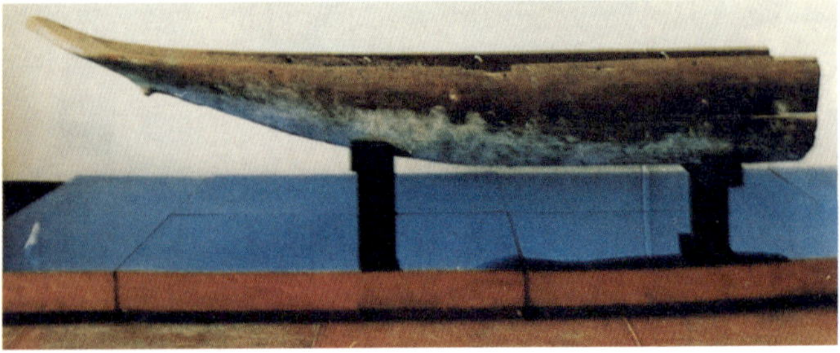

独木舟侧面
（摘自常州武进淹城博物馆编《中国江南第一古城——春秋淹城》）

独木舟内部
（摘自南京博物院《淹城：1958—2000 年考古发掘报告》）

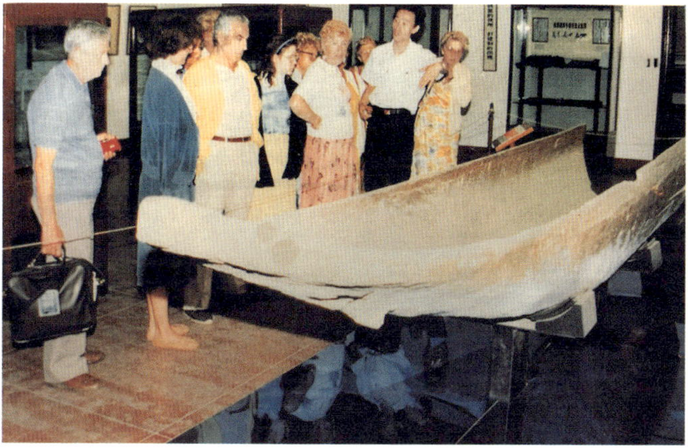

外宾参观独木舟
（摘自常州武进淹城博物馆编《中国江南第一古城——春秋淹城》）

现藏于常州市武进区博物馆（春秋淹城博物馆）的独木舟侧面

独木舟全貌

独木舟首部特写

独木舟尾部特写

独木舟内部纹理

独木舟是将整段树干加工成中空的小船，用桨划行，是继筏之后新出现的一种水上交通运载工具。它是现代各类船的鼻祖，踪迹遍布全世界。由于独木舟具有坚实、牢固、不易漏水和制作工艺简便等优点，因此独木舟的使用历史很长。直至今日，在我国的西南少数民族等偏僻地区，独木舟仍在被使用。

独木舟是何时出现，又是怎样产生的呢?

早在原始社会，人们以采集和渔猎为生。居住在江河之滨，尤其是江淮一带的先民们经常从事捕鱼等水上活动。生活的需要推动人们去寻求能够漂浮于水面的工具。远古

现藏于海南省昌江县博物馆的民国时期黎族独木舟

云南摩梭人在泸沽湖上划独木舟　刘建华摄

人类为了实现跨越水域、征服自然，开始发明和使用独木舟。

考古工作者在浙江省杭州市萧山跨湖桥遗址发现了目前年代最早的独木舟。它的“年龄”约为7600—7700岁。据此，学者们推测，中国最早的独木舟可能在大约1万年以前的新石器时代早期，甚至更早的旧石器时代晚期就已出现了。

尼泊尔奇特旺国家公园内的独木舟

跨湖桥遗址独木舟发掘现场

《世本》有载："古者观落叶因此为舟。"《淮南子》有载："见窾木浮而知为舟。"表明古人多次观察到树叶、树枝在水面漂流，受到启发而创造了舟。

那么，独木舟具体是怎样制作而成的呢？

最初的独木舟结构非常简单，极有可能是古人将天然腐朽后形成凹槽的树段稍做修整而成。古人在一开始可能只是把它当作一般的浮具使用，在不断使用的过程中，可能将抱着朽木浮水改为坐在朽木的凹槽里，从而发现这样既可以解放双手，又可以加大承载力。

随后，人们开始模仿朽木上凹槽的形状，选取合适的树段砍挖成槽，削去旁枝和树杈，制作独木舟。

《周易》："伏羲氏刳木为舟，剡木为楫，舟楫之利以济不通，致远以利天下。""刳木为舟"就是指剖凿木头用以做舟。

首先把砍倒的树木除去枝条，然后在这棵树干上用石刀、石斧凿上一条长槽。有的地方用石刀、石斧挖不动，就把不要挖去的地方糊上泥巴，把要挖的地方用火烧焦，再用石凿、石斧挖。这样不断循环地边烧边挖，直至把树段中间挖空，独木舟就制造完成了。

淹城遗址出土的独木舟均用整段木材挖空后凿成，凿痕累累。内壁可见焦炭和斧凿的加工痕迹，表明当时人们

巴布亚新几内亚的土著人制作独木舟

巴布亚新几内亚的土著人制作独木舟的桨

北欧人制作捕鱼用的独木舟

北欧人制作独木舟

便是使用火和石斧制造，印证了《周易》中“刳木为舟”的记载。

护城河内为何频繁出现独木舟？这些独木舟又有哪些用途呢？

淹城百姓或许曾用独木舟载人运货、采莲捕鱼、操练水师等。由于护城河不与外界相通，不需通航，独木舟还可能作为城防设施，供人们在护城河巡弋时使用。也有学者认为，这些独木舟的集中出土，表明当时淹城的军民可能曾将它们作浮桥使用。平时，将舟的首尾相连，纵向排成一列搭成浮桥,可用来应急救灾或作为临时性交通设施。战时，将舟体横向紧密排列成带状，还可用来阻隔对方水军的行动。在独木舟的外舷上，曾发现了嵌入的青铜箭镞，表明很可能在抵御外敌守护淹城的水战中使用。

淹城遗址出土的独木舟是实实在在的可以观赏、研究的不可多得的文化瑰宝，为这一独特的古代水城增添了历史原貌的完整性。它对研究我国春秋时期吴文化、舟船发展史等都有着重大的历史价值和科学价值。

第二节　青铜器

距今约2800年前，淹君的铸铜作坊内，铸造区散布着大大小小的熔铜炉，炉内火光四射。工匠持续往炉内加入木炭以保持火势。负责给大炉子鼓风助燃的工匠在高温

青铜铸造制模场景模拟

泥质陶范
（摘自南京博物院《淹城：1958—2000 年考古发掘报告》）

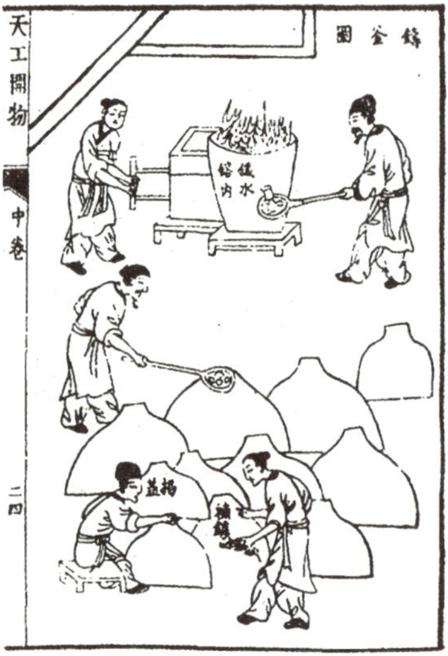

明代宋应星《天工开物》插图“泥型铸釜”

下大汗淋漓，满脸通红。壮实的工匠们协力抬起铸造好的铜器送至窖藏区保存。地上散落着陶范（铸造青铜器的陶质模型）、制范工具、红烧土块等。备料、制模、做范、纹饰雕刻、制芯、焙烧、合范、浇铸、打磨修整等等，工匠们各司其职，有条不紊。

商代晚期，青铜器造型普遍具有敦厚凝重、装饰繁复、图纹威严神秘的特点，西周大致秉承商代旧制而略有变化。西周晚期，周天子王权渐微，周朝王室逐步走向衰落，各诸侯国开始发展自己的势力。在各个诸侯国内，卿大夫的权力开始上升。春秋时期，礼崩乐坏，作为贵族等级制度和权力象征的青铜器不再囿于礼制约束，逐渐发生相应变化。青铜礼器中逐渐透出一些令人轻松的气息，旧有的神秘、庄重与沉闷渐渐隐去，而新的有创意的造型和纹饰，一步步走向百姓生活。各诸侯国和卿大夫，甚至当时卿大夫的家臣都有青铜铸造作坊。当时的青铜作坊分布广泛，与日俱增。王室和王臣们所用重器难得一见，反倒是各诸侯国和卿大夫所用铜器如雨后春笋般涌现。思想文化辉煌灿烂、群星闪烁。诸子百家彼此诘难、相互争鸣。诸侯国逐渐形成各自的青铜文化风格，呈现出多元的艺术面貌。

淹城地处长江下游地区，距中原王都较远，独特的历史、地理背景，使淹城工匠们铸造的青铜器呈现出双重的文化面貌：既受当时中原地区核心青铜文化辐射的影响，同时又表现出显著的地域文化

陕西省扶风县西周铸铜作坊遗址

特征。

1958年，在内城河里，人们还发现了一批青铜器，包括青铜尊、三轮盘、三足匜（yí）、牺盉（hé）、句鑃（gōu diào），共计13件。句鑃器身毫无锈痕，犹如刚制作而成一样崭新。由于江南的土质是酸性的，而且又被埋藏在深约4米的河泥中，形成隔氧层，所以这些青铜器虽历经2000多年，依然风韵犹存。

20世纪60年代以后，经文物采集和考古发掘，淹城遗址又先后出土了10来件青铜器。

淹城遗址出土的青铜器大多造型优美、制作精良、纹饰别致、器型奇特，具有浓厚的地方色彩，与黄河流域出土的青铜器风格迥异。纹饰有蟠螭（pán chī）纹、变体云雷纹、勾连纹、连珠纹、锯齿纹、鱼鳞纹等10多种。

青铜三轮盘

在出土的所有青铜器中，这件类似三轮车造型的青铜盘最为独特。

青铜三轮盘呈圆形，敞口平沿，弧壁浅腹，圈足。盘底下装有三个可以转动的轮子。前轮两侧伸出两条长颈回首的龙形兽，兽首有冠，大目圆睁，吻部前伸，长颈上部饰鳞纹，腰部刻画有双翅纹饰。盘腹周围饰有云雷纹。复原后的三轮盘高15.8厘米、口径26厘米。三轮盘结构合理，在制作过程中使用了浇铸、焊接、榫卯组装等工艺，把实

铜三轮盘（复制品）侧视

青铜三轮盘（复制品）底部

铜三轮盘（复制品）内部

青铜三轮盘（复制品）兽首特写

用器与艺术品融为一体，显示了高超的青铜工艺水平，超出了中原文化青铜盘原有范式，表现出完全不同的文化韵味。在发掘出的中国古代的青铜器中，盘很常见，但是有轮子的青铜盘堪称独一无二。

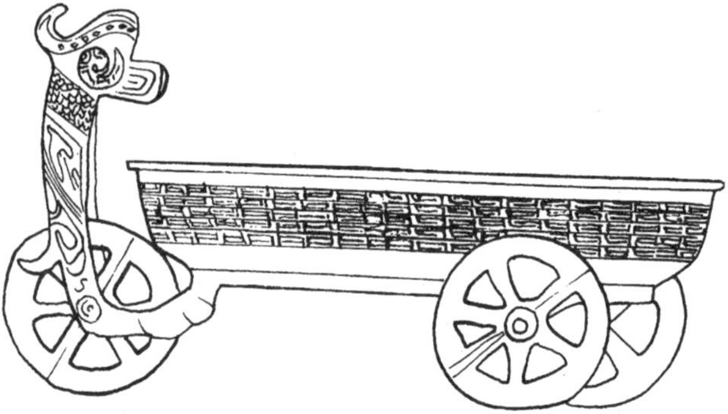

青铜三轮盘线描侧面

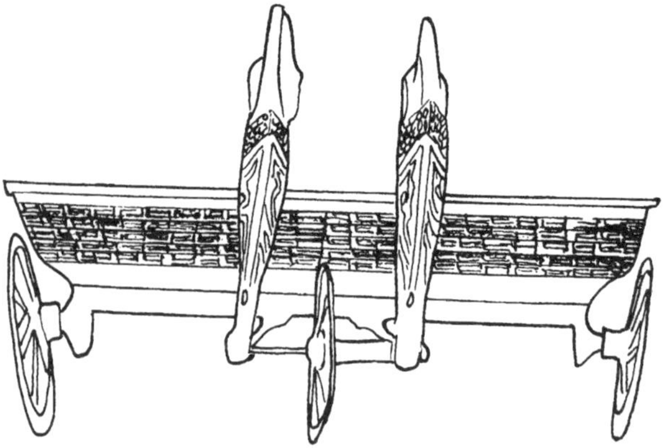

青铜三轮盘线描尾部
（以上摘自南京博物院《淹城：1958—2000 年考古发掘报告》）

青铜盘一般被认为是用来盛水的盥洗器，而这件青铜盘有可推动的三个轮子，似乎表现出不一样的实用功能。当地村民认为,这是一件装鱼的容器。这又是因为什么呢?

据传，淹君五十大寿时，他的子民捕捉到一条稀有的大头鱼献给了他，淹君非常高兴。大头鱼不仅肉质鲜美，而且吃了可以延年益寿。烹制这种大头鱼时必须有头有尾，寓意顺风顺水。但是鱼只有一条，如何让宾客们都能吃到这条鱼呢？淹君的女儿百灵公主提议，用这种带有轮子的青铜盘就可以解决了。

淹君命人铸造这件带有两只龙形兽首的三轮盘又有什么寓意呢？有学者认为，这件器物整体造型恰似史书中记载的“双龙负舟”。

在先秦史书《吕氏春秋·知分》《吴越春秋·越王无余外传》等典籍中，都曾记载着一个关于“双龙负舟”的故事：

相传，大禹治理洪水时，曾经横渡长江，去江南巡狩，勘察河道和水情。在大禹与其下属乘舟渡长江时，有两条黄龙跃出水面，上身倚靠舟邦，尾托舟底，窥视舟内众人。舟上之人，皆大惊失色，唯恐黄龙掀翻舟船而丢掉性命。此时，大禹却镇定自若，仰天叹道：我大禹乃受命于天，竭尽全力带领人民治理洪水，让百姓安居乐业、衣食无忧，我对上天、对百姓皆问心无愧。如果我今天逃此劫难，那是我平日积德爱民、感动上天的结果；如果今天黄龙置我于死地，那是我命该休矣，怪不得天，也怪不得地。

说完此话，大禹面不改色，置黄龙于不顾，对惊慌失措的舟上同伴说："上天会保佑我们的。"两条黄龙见大禹视死如归、无所畏惧、凛然庄严的神态，俯首拖尾，舍舟而去。舟中人无不欢欣庆幸，感恩苍天，由衷敬畏大禹的浩然正气，加倍崇拜和爱戴大禹。

淹城，水绕城，城依水，它因水而建，因水而兴，又被称为水城。这件青铜三轮盘，或许正是淹君根据"双龙负舟"的传说，命能工巧匠创作出来的青铜艺术品。"青铜盘"象征大禹所乘舟船，以"三轮"象征水行，再现了大禹巡狩、治水，渡江遭遇恶龙，临危不惧，化险为夷的情景。

淹君莫不是希望自己能成为像大禹一样深得民心的君王？上天赋予他统治权力，因他高尚的德行，而保佑他免遭祸殃，逢凶化吉。三个轮子稳稳托起圆盘，似乎包含着江山永固、天下太平的寓意。

虽然这件青铜三轮盘的真实用途还有待进一步探究，但是这件精美的青铜器却代表了西周至春秋时期中国青铜器技艺的非凡成就。

青铜牺盉

与青铜三轮盘同时出土的，还有一件匠心独运、秀美雅致的青铜牺盉。这件牺盉，口外侈，卷沿，圆唇，矮束颈，扁鼓腹，斜肩，平底，大圈足。腹中部装饰有一圈鱼鳞纹。腹部一端装有一个兽头，头部眼睛、口鼻清晰可辨。兽头上有一对细长略弯的角。兽头脸部和脖子上部装饰有云雷纹，脖子上有两条粗弦纹，脖子下部装饰有鱼鳞纹。腹部另一端装有鋬（pàn，即器物侧边供手提拿的部分），鋬上装饰有一组两两相对的云雷纹。整体高约 19 厘米，口径宽 24 厘米。原件现收藏于中国国家博物馆。这件牺盉造型稳重大方，浑厚质朴之中又具有南方地区对称秀致的艺术风格。

青铜盉出现在商代早期，盛行于商晚期和西周，流行于春秋战国。青铜盉在各时代形制有所区别。商周时期，

藏于春秋淹城博物馆的青铜牺盉（复制）侧面

青铜牺盉（复制品）正面

头部侧面特写

头部俯视特写

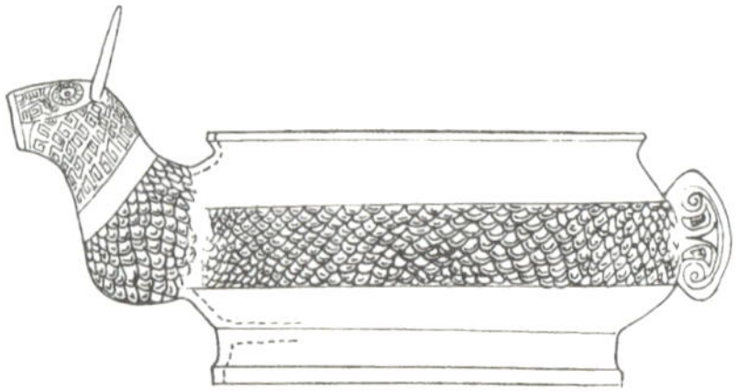

青铜牺盉线描侧面
（摘自南京博物院《淹城
1958—2000年考古发掘报告

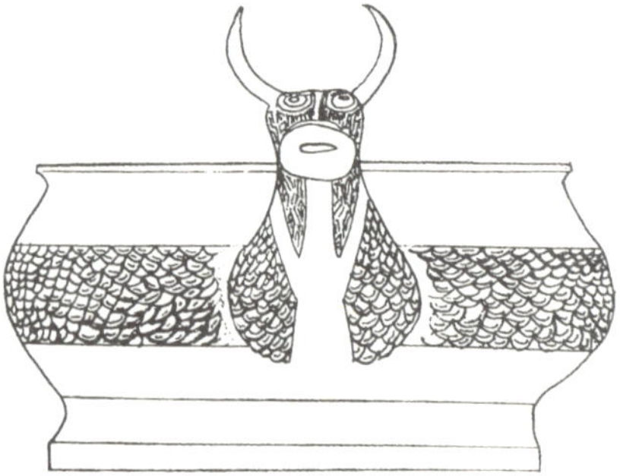

青铜牺盉线描正面
（摘自南京博物院《淹城
1958—2000年考古发掘报告

现藏于山西博物院的西周鸟盖人足盉

现藏于湖南省博物馆的春秋早期龙首虺（huǐ）纹提梁铜盉

盉口大，腹深，流直，多做分档式袋足或柱形足，商代足则多做成空心。春秋战国时期，盉口变小，腹部扁圆，流往往做成弯曲的鸟头或兽头状，蹄形足较为常见，有的蹄形足做成动物形象。许多盉还加上弯曲的提梁，并用环索连接盉盖与提梁，造型轻盈秀巧。

那么，青铜盉在古代是用来做什么的呢？

东汉许慎《说文解字》载："盉，调味也。"王国维《说盉》载："盉乃和水于酒之器，所以节酒之厚薄者也。"青铜盉最早是青铜礼器的一种，主要功用是做酒器。古人往装有酒的青铜盉里面酌情加水，用水来调和酒味的浓淡。盉的下面是中空的，可以直接加热温酒。

西周早期，盉开始演变为盥洗时所用的水器，与盘配合使用，往往伴随着盘一起出土。当水器使用时，它是用来注水的。祭祀之前，用盉浇水洗手，以示对祖先和神灵的崇拜。从西周中晚期到春秋早期，盘跟盉的组合，也渐渐被盘跟匜的组合取代了。

青铜三足匜

淹城遗址出土的这件青铜三足匜，前部呈流状，流微上斜，尾部带鋬。鋬为平板式略上翘，其上装饰一组两两相对的夔（kuí）纹（即神话中一种形状像龙而只有一足的动物纹样）。腹部装饰一圈云雷纹，共上下四层。底部有三个形似兽蹄的足，两个在前，一个在后。口径约 35 厘米，高约 11 厘米。

中国传统礼仪非常讲究净、静、雅，其中盥洗，是与净有关的重要礼仪。《礼记 · 内则》记载：“鸡初鸣，咸盥漱。”鸡刚打鸣，就已洗漱完毕了，这说明古人已有早起盥洗、漱口的卫生习惯。

商周时期，筷子还没有被广泛使用，人们就餐时，往往将饭盛于食器中，用手抓饭，所以饭前必须盥洗。

那么，古人是怎样盥洗的呢?

古人在盥洗时需要用到青铜水器盘、盉、匜，从功能上分为注水器和盛水器。西周晚期以后，盘虽仍与盉相配使用，但更多地与匜相配套。匜是盥洗时浇水的用具，如同现在使用的瓢或勺。那时的盘，使用方式与今天的洗脸盆不同，人们并非在盘中直接洗手，而是用流水洗手。古代没有自来水，人们便用匜之类的水器从上向下浇水，洗后的水便留在盘内，所以盘是盛水器。

古人的盥洗之所以比现在要繁缛，很大程度上，与其具有相应的礼仪性质有关。古人非常注重盥洗之礼，一旦失礼，有可能会造成意想不到的严重后果。《左传·僖公

青铜三足匜（摘自倪振逵《淹城出土的铜器》）

青铜三足匜纹饰特写

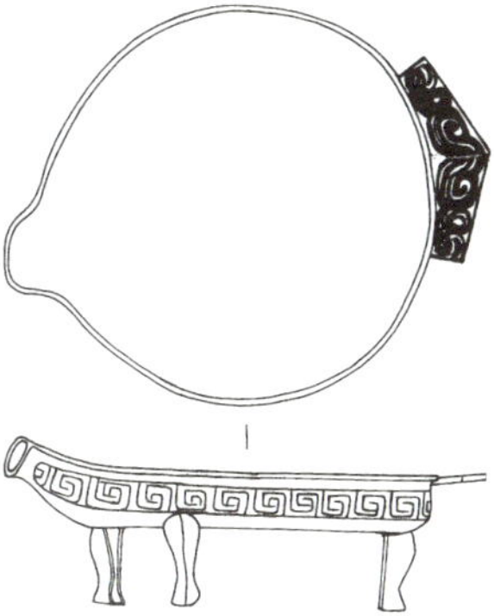

青铜三足匜纹饰线描
（摘自南京博物院《淹城：1958—2000年考古发掘报告》）

盥洗场景模拟

二十三年》中就记载了一个与此相关的故事："晋公子过秦，秦伯纳女五人，怀嬴与焉。奉匜沃盥，既而挥之。怒，曰：'秦晋，匹也，何以卑我？'公子惧，降服而囚。"当年，秦穆公把五个女子送给流亡的重耳作姬妾，秦穆公的女儿怀嬴也在其中。怀嬴原先嫁给晋怀公（重耳之侄），此次又改嫁重耳。有一天，怀嬴捧着盛水的器具让重耳洗手，重耳洗完以湿手挥她。这可能是贵族公子的随意之举，但怀嬴却认为是鄙视自己，因而加以指责。重耳此时正有求于秦国帮他回晋国夺取政权，岂敢得罪怀嬴。于是，只得脱去衣服并把自己关起来表示谢罪。盥洗本是一种礼仪，重耳随意地用湿手挥人，有失礼节。这个故事不仅反映出当时礼仪的严谨，同时也证实了匜是一种注水的礼器。

青铜三足匜与三轮盘、牺盉在内城河同时出土，青铜牺盉叠置于三足匜内，三轮盘倒扣于牺盉之上，说明当时仍保留有“沃盥之礼”。

青铜器出土时叠置的情形（摘自倪振逵《淹城出土的铜器》）

在周人的沃盥之礼中，盘和匜是缺一不可的，但是盘和匜并非同生长共消亡。青铜盘早在殷商时期就已出现并流行起来，几乎贯穿了整个青铜时代。青铜匜作为注水器，是在西周中期以后出现的，流行于西周晚期和春秋时期，战国以后便不见了踪迹。由此有学者做出推测，周初古人仍沿袭殷商的一些礼仪制度，到西周中期已形成自己独特的礼制，青铜匜正是因周礼的需要而出现，因而难免随着周礼的废弃而告终。

在各地出土的青铜匜中，有的自名为盉，所以许多学者又认为铜匜是由铜盉发展而来的。传世和出土的青铜匜通常都有四足。春秋时的铜匜有三足和五足的，到战国时铜匜的足演变为环耳。

青铜句鑃（gōu diào）

句鑃发出悦耳的音响，淹君带领着他的子民们静静聆听祭司的吟唱和祈祷。今天是祭祀先祖的日子，大家来到内城河边的空旷高地上，举行隆重的仪式活动，祈求先祖在天之灵给予子孙庇护保佑、赐福禳灾。

句鑃是一种以青铜为主要材质的打击乐器，一套由若干件组成。器身似两片合起来的瓦片，横截面呈椭圆形。器壁较厚，有很浅的凹弧口，口朝上，两侧倾斜，上部稍宽，下部略窄，呈直线内收。有柄可执，柄为扁平或圆柱形。

1958 年，于内城河东段发现青铜句鑃一套共 7 件。最大的一件高约 35 厘米，最小的一件高约 17 厘米。

随着生活水平和青铜冶铸技术的提高，商周时期青铜器逐渐被赋予更重要的社会功能，制礼作乐、彰显功德成为铸造青铜器的主要目的，并逐渐形成了规范的等级制度。

句鑃一套（摘自倪振逵《淹城出土的铜器》）

句鑃（复制品）
（春秋淹城
博物馆提供）

与中原青铜文化相比，两周时期，吴越地区的青铜器体现出更浓厚的地方特色。

句鑃集中出现于春秋战国时期的吴越地区，即现在的江苏南部、上海、浙江、安徽南部、江西东北部一带。在我国中原地区以及南方其他民族的音乐文化中，尚未发现过这种乐器。句鑃遗风于汉代，是先秦吴越地区音乐文化的典型代表，在汉代之后逐渐销声匿迹。

句鑃发出的音衰减较快，具有双音特性，比发出单音的圆钟类乐器更加复杂。其外形虽与编钟有些相似，但是它们的演奏方法有所不同。一般的甬钟、钮钟是按照音调高低的次序排列起来，悬挂或者斜挂在一个巨大的钟架上，用“丁”字形的木槌和长形的棒分别敲打铜钟，发出不同的乐音。而句鑃通常是倒插在座架或地面上，用木椎子敲击。

那么，句鑃都有哪些用途呢？通常在哪些场合使用呢？

考古发掘资料表明，早期句鑃成套使用的数量不多，柄部粗糙简陋，形制不够完善统一，说明句鑃在初始阶段还没有完全产生对器架的要求。这时句鑃的音乐性能不高，主要作为祭祀礼器，用于户外进行的祭祀活动。

吴越先民通常选择在山川、河流、湖岸等野外地区进行祭祀，方便直接将句鑃插于地面，除祭祀先妣、先祖、山川和四望之外，仪式活动多伴有消灾祈福的愿望。有学者推测，很可能多数句鑃在活动结束后就地埋藏。

春秋晚期，随着时代发展，便有了审美的进一步需求，句鑃形制逐渐完备，制作精良，器形优美，大小有序，成套使用，句鑃普遍作为宴享或娱乐活动中的乐器。

句鑃常与其他的乐器组合演奏，充当低音的角色。句鑃作为吴越先民音乐生活中的乐器是必不可少的，这也是句鑃在出土乐器中较为常见的原因。

吴越先民还将句鑃作为传家宝。这种礼乐器必须被后人妥善保存，永世相传，以明祖德，以图家族香火旺盛。

作为传家宝的句鑃是极为珍贵的，是不轻易使用的。它可能有一定的应用场合与使用规矩，并且子子孙孙都要遵循这个规矩。从这个角度来看，出土句鑃乐器不多以及其形制性能的恒定性也是吴越民族子子孙孙遵照祖上传下来的规矩形成的。

从句鑃的发展过程以及使用场合与目的来看，句鑃的性质和作用在不同时期里侧重点不同。它的功用首先继承了作为礼器的祭祀作用，而成为宴享乐器，这与外来文化影响以及本土民族文化进步有关。东周时期，周王室衰微，礼乐制度禁忌被打破。春秋时期，吴越民族的崛起，为其文化发展提供了强有力的支持，加上吴越国家发达的冶金技术，这种与中原礼乐编钟类似并且具有吴越民族风格特征的青铜乐器的出现了。

青铜尊

这件铜尊，制作精良，纹饰工整，为粗体筒形。整体为三段式，颈、腹及圈足分界明显。大口、圆唇，宽卷沿上斜，呈喇叭状，扁鼓腹，圈足外撇至近根部呈垂直状。颈、圈足与腹部相邻处各饰一周变体云雷纹，颈部云雷纹上部及圈足云雷纹的下部又各饰上下相对称的锯齿纹一周。腹部通体为蟠螭纹，蟠螭纹上布满小乳钉。蟠螭纹的上下各饰有一圈连珠纹带。三组装饰图案分界清晰，又浑然一体。口径 26.4 厘米，底径 20.4 厘米，高 28 厘米。

青铜尊是古代使用的大中型盛酒器和礼器。流行于商周时期，春秋后期偶有所见。主要形制有圆尊、方尊、鸟兽尊等。鸟兽尊种类繁多，有羊尊、牛尊、鸮尊、象尊等。

青铜尊
（摘自南京博物院《淹城：1958—2000 年考古发掘报告》）

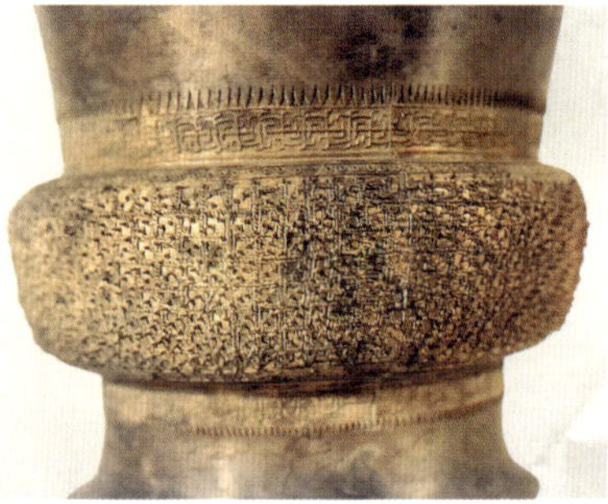

青铜尊纹饰细部特写
（摘自南京博物院《淹城：1958—2000 年考古发掘报告》）

青铜鼎

这件鼎为盘口，深腹，圜底，竖耳，细长外侧三棱形柱足，足下端呈兽蹄状，内侧微凹。素面，腹中间有横痕，系浇铸所留。口径 20.8 厘米，通高 20.1 厘米，腹深 10.2 厘米。

鼎是用以烹煮肉和盛贮肉类的器具。许慎在《说文解字》里说："鼎，三足两耳，和五味之宝器也。"一般来说，鼎有三足的圆鼎和四足的方鼎两类，又可分有盖的和无盖的两种。最早的鼎是黏土烧制的陶鼎，后来有了用青铜铸造的铜鼎，鼎就从一般的炊器而发展为传国重器。从商至周，都把定都或建立王朝称为"定鼎"。国灭则鼎迁，夏朝灭，商朝兴，九鼎迁于商都亳（bó）京；商朝灭，周朝兴，九鼎又迁于周都镐（hào）京。

青铜鼎正面
（春秋淹城博物馆提供）

青铜鼎侧面
（春秋淹城博物馆提供）

青铜鼎侧视
（春秋淹城博物馆提供）

青铜鼎俯视
（春秋淹城博物馆提供）

青铜鼎底部
（春秋淹城博物馆提供）

第三节 陶器

淹城遗址发现了大量陶器，包括夹砂陶、泥质陶和硬陶三类。主要器型有瓮、缸、坛、盆、罐、瓿等。其中，几何印纹陶约占了一半。

几何印纹陶是指表面印有几何纹做装饰的陶器。它是我国江南地区古代先民在长期的生产和生活实践中创造和发展起来的一种日常生活用品。

印纹陶的产生可能是一种巧合。南方百越先民居住在木构建干栏式房屋内，常用竹、绳编织成的筐子盛放食物。为了便于储存和防灾，在筐子内壁抹上一层泥。百越先民偶然发现，经火焚烧后，竹绳编制的筐子烧毁，而里面抹

出土时的陶罐（摘自南京博物院《淹城：1958—2000年考古发掘报告》）

的泥却在冷却后成了一件件带有编织纹样的陶器。

后来，人们在陶坯未干时，用缠有绳子的陶拍或印模拍印上去，经烧制就形成了各种几何印纹。有时拍印的部位不太准，花纹往往有重复交错现象。

从现有的考古资料看，几何印纹陶萌芽于南方的一些早期新石器文化遗存中，但真正出现是在新石器时代晚期。

印纹陶可分为印纹软陶和印纹硬陶两种，软陶火度较低，硬陶火度较高。

印纹软陶多流行于新石器时代至商代以前，烧成温度在 1000℃以下，多呈红褐、灰白、灰等色。印纹硬陶是在前者的基础上发展起来的，约出现于商代以后，烧成温度达到了 1150℃—1200℃左右，因此胎质坚硬，呈灰色。敲击胎体有铿锵之声，有的陶器表面还有透明釉状体。制作方法有手制、模制的，也有轮制的。器型十分丰富，包括鼎、釜、甗、豆、罐、盆、尊、缸、钵、碗、盂、杯等，涵盖了日常生活的各个方面。

商周时期，印纹陶得到较大的发展。印纹陶在南方产生的同时对北方中原制陶也产生了一定的影响。战国时开始衰退，到东汉基本被原始青瓷所代替。

但实际上，印纹陶并没有完全消失，只是换了某种形式出现，如江南地区最为普遍使用的酒缸、水缸、米缸等，其使用的技术很多工序延续了印纹陶的做法。

在一些史籍中，早有关于南方地区几何形印纹陶器出土情况的零星记载。只是限于当时的认识水平，未曾用“印纹陶”的名称，而是直称某种纹样的陶器器皿。如宋代祝穆在《武夷山记》中载：“升真洞在大王岩东隅石壁之上，谷牙一室，径数丈而深倍之，中有雷纹瓷缸五，盛仙蜕。”这是武夷山地区悬棺葬制中有几何形印纹陶器的记载。

兴盛时期的南方几何形印纹陶，丰富多彩，绚丽多姿，各种几何形图案花纹竟达五六十种之多。有的是仿竹、麻、芦一类编织物的图案，如席纹、方格纹、菱形纹、重菱形纹、“米”字纹等；有的是当时某些自然和社会现象的真实写照，如圆圈纹、水波纹、圈点纹、叶脉纹、“山”字纹和动植物纹等；有的为图腾崇拜蛇的皮肤形象的模拟，如曲折纹、菱形纹等；有的则明显打上阶级的烙印，成了为统治阶级服务的至高无上的权力的象征，带有种种荒诞神秘的恐怖色彩，如变体兽面纹和夔龙纹等。那些种类繁多的几何形图案花纹，至今耐人寻味，令人倍感清新。这些几何纹连续反复，形成一种规律的图案美。

夹砂陶鬲

泥质陶鼎

泥质陶盆

带盖泥质陶罐

（以上摘自南京博物院《淹城：1958—2000 年考古发掘报告》）

夹砂陶鬲

夹砂灰陶，侈口，平沿，圆唇，折颈，直腹微鼓，袋状足，足尖内收。口径 16.6 厘米，通高 16.4 厘米。

泥质陶鼎

灰陶，直口，圆唇，圆鼓腹，弧收为圜底近平，下附三个羊角形足，腹部装饰有水波纹。口径 16.6 厘米，高 10.4 厘米。

泥质陶盆

红陶，侈口，折沿，圆唇，弧肩，弧鼓腹，凹圜底。腹部装饰有席纹和方格纹组合。口径 32 厘米，底径 14 厘米，高 20.5 厘米。

带盖泥质陶罐

灰褐胎黑衣陶，有盖。罐体敛口，窄方唇，鼓腹微耸，弧收为平底。盖弧敞口，圆唇，弧鼓腹，顶有圆形捉手。罐肩腹部饰水波纹和席纹组合，盖饰弦纹和方块短线水波纹。口径 13.5 厘米，腹径 31.2 厘米，通高 18.7 厘米。

泥质陶罐

矮领，深灰陶，胎为灰红色，口沿外侈，圆唇，鼓腹，平底。口径 11.8 厘米，底径 11.4 厘米，高 15 厘米。

泥质陶罐

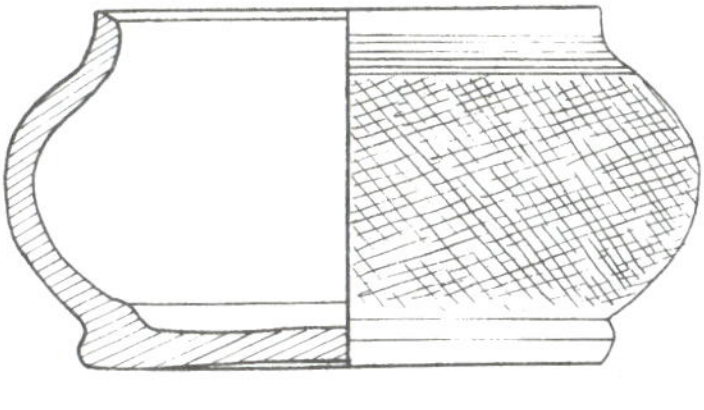

泥质陶瓿

（以上摘自南京博物院《淹城：1958—2000 年考古发掘报告》）

泥质陶瓿

灰色陶，直口微敛，圆唇，鼓腹，平底微内凹，腹部饰方格纹。口径 10.8 厘米，底径 11.4 厘米，高 7.4 厘米。

泥质陶瓮

小口明显，高小于腹径。黑皮陶，侈口，卷沿，方唇，矮领，圆肩，圆鼓腹，下腹弧收为平底微围。颈饰弦纹，腹素面。口径 15 厘米，底径 13.2 厘米，高 26.5 厘米。

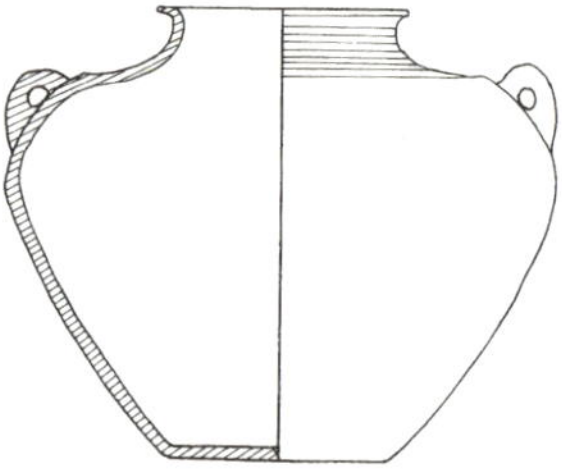

泥质陶瓮

硬陶坛

硬陶瓮

（以上摘自南京博物院《淹城：1958—2000 年考古发掘报告》）

硬陶坛

褐色印纹硬陶。卷沿，口微外翻，尖圆唇，矮直领，圆肩，弧腹微鼓，斜收为平底，平底略大于口。肩有对称泥条状竖桥形耳饰。领饰弦纹，腹部饰斜交菱形填线纹和方格纹组合。口径13.6厘米，高29.7厘米，底径17.2厘米。

硬陶瓮

灰色硬陶，侈口，卷沿，方唇，矮领，圆肩，圆鼓腹，下腹弧收为平底微圜。颈饰弦纹，腹部饰回纹与云雷纹组合。口径20.8厘米，腹径43.2厘米，高41厘米。

硬陶罐

红色硬陶，侈口，卷沿，尖唇，矮领，圆肩，圆鼓腹，平底微内凹。腹部饰云雷纹间方格纹。口径12.2厘米，底径12厘米，高15.6厘米。

硬陶罐

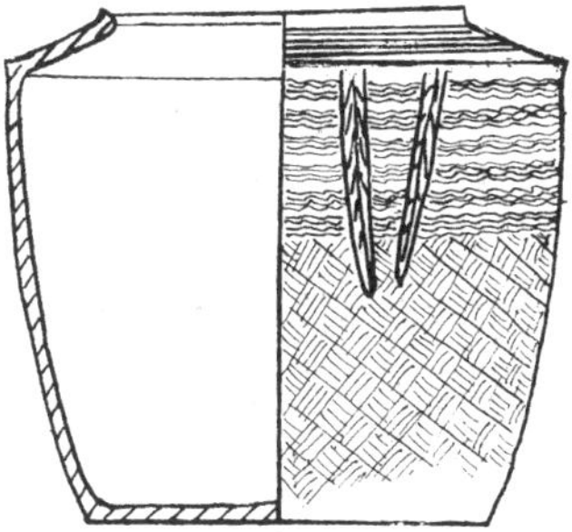

硬陶盂形罐

（以上摘自南京博物院《淹城：1958—2000年考古发掘报告》）

硬陶盂形罐

灰褐胎，泥条盘筑后慢轮修制。内折斜微直口，沿面微内斜凹，尖圆唇，折肩，斜直腹稍弧，平底略内凹，器腹上部与肩相接处对称装饰着两个近三角形辫状泥条饰，肩腹部装饰有水波纹与席纹组合。口径 16 厘米，底径 17.2 厘米，高 21.5 厘米。

硬陶瓿

灰色硬陶，侈口，卷沿，颈饰弦纹，腹部装饰有平折线纹。泥条盘筑后慢轮修制。口径 14.4 厘米，底径 15 厘米，高 10.8 厘米。

硬陶尊

紫灰色胎，弧敞口，圆唇，弧凹领，弧鼓腹，平底略内凹，领饰弦纹，腹部饰云雷纹。口径 12 厘米，底径 8 厘米，高 11 厘米。

硬陶瓿

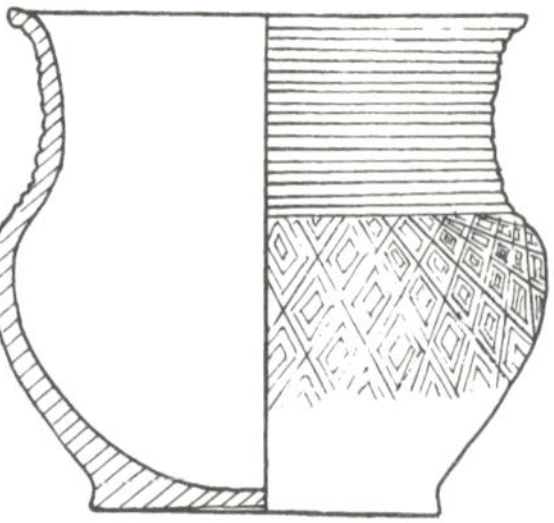

硬陶尊

（以上摘自南京博物院《淹城：1958—2000 年考古发掘报告》）

第四节　原始瓷器

淹城遗址出土的原始瓷器品种相当丰富，主要器型有尊、豆、碗、杯、鼎、盂、簋（guǐ）等。有淡黄胎、浅灰胎两种，釉色分茶绿、米黄和淡青色，釉的浓度不匀，有釉斑，有的剥落严重。制作方法以轮制为主，也有少量的是手制。

原始瓷器是在印纹硬陶釉陶和白陶的基础上发展起来的。它是在瓷石制坯、窑温升高和施釉等工艺进步的基础上，加上先进的文化追求而发明的。它是从陶到瓷发展历程中一次质的飞跃。

原始瓷器出现在我国刚迈入文明门槛的夏商之际，流行于整个商周时期。经过新石器时代数千年制陶技术的积累，夏商时期，在原料选择、窑炉技术、烧成温度控制等方面都获得了重大突破，生产出了中国最早的瓷器——原始瓷器。

南方居民在烧制印纹硬陶的同时发明了原始青瓷，其后，陶与瓷就形成了两个不同的发展序列，各自发展，但相互影响。如商周原始青瓷除了原料比硬陶有所调整、外表上了釉，其他的成型工艺，包括烧制都是一样的。不过随着时间的推移，陶与瓷的关系也越来越疏远了。

从西周开始，原始瓷器迎来了发展的高峰。虽然近年来南方各地商代原始瓷器出土的数量和地点不断增加，但在整个陶瓷中的比例仍旧较低。而西周时期的原始瓷器出土数量大大增加，出土地点更为广泛，江浙地区的墓葬或遗址都有出土。从西周开始，原始瓷器的种类、数量和质量较商时期有了显著的进步，其使用已相当普及，成为人们日常生活和陪葬的主要器物。

西周时期随着原始瓷器大发展时代的到来，原始瓷器装饰工艺也得到了较大的发展。装饰采用拍印、戳印、刻画、堆贴等方式。

拍印是一种非常古老的传统坯体装饰技术，是用带有各种纹样的木制、陶制的拍子或缠绕绳索的木棍直接在半干的坯体表面进行均匀地拍打，使坯体坚硬、致密，并在拍打过程中在坯体表面留下印纹。

戳印是用小木棍、小石块的尖部或指甲戳印出来的圆形、半圆形、新月形、长条形或以点为主的印纹。

刻画是在半干或干燥的坯体表面上用石块、陶块的尖部，削尖的竹、木，或以竹刷、梳篦等直接在坯体上进行刻画装饰，利用直线或曲线的长短、疏密、横竖交叉等组成纹样。

堆贴是在制作原始瓷器过程中根据器型的功能、结构，把预先捏制好的部件采用粘贴方法，使其和整体造型构成一体，起到实用的加固器物结构作用，或作为美化器物的一种装饰。

崇鸟是周代吴越地区的特色文化，在装饰纹样题材中具有重要的位置。崇鸟习俗同样也体现在原始瓷器物的装饰上，鸟形堆塑是主要的装饰方式。根据鸟的基本形象而将胎土加以捏塑成型，在簋、鼎等器物上堆塑小立鸟。

原始青瓷鼎

灰色胎，通体施青黄色釉，色泽莹润。侈口，卷沿，圆唇，鼓腹，圜底，足为锥形。上腹部有对称的泥条形绞索状贯耳。腹部饰有刻画的“Z”字形纹饰。口径 17.6 厘米，通高 9.8 厘米。

原始青瓷附把盅

灰白色胎，除器底外通体施青色釉，釉层不均匀，部分釉层脱落。微敛口，斜平沿，尖圆唇，直腹微鼓，平底

始青瓷鼎

原始青瓷附把盅

以上摘自南京博物院《淹城：1958—2000 年考古发掘报告》）

原始青瓷盂

原始青瓷盘盂组合

（以上摘自南京博物院《淹城：1958—2000 年考古发掘报告》）

微内凹。腹部把手为羊角状。口径 12 厘米，底径 7 厘米，高 6.5 厘米。

原始青瓷盂

灰白色胎，轮制，除器底外通体施青黄色釉，釉层脱落较多。盂身子口微外斜，尖圆唇，短斜肩，直斜腹微鼓，平底略内凹，器腹上部与肩相接处对称装饰有两个近长方形辫状泥条饰。盂盖敛口，盖顶有鸟状纽饰，体现了崇鸟习俗。盂身口径 7.3 厘米，底径 6.5 厘米，高 5.4 厘米。

原始青瓷盘盂组合

灰色胎，通体施黄绿色釉，一组四件，包括一盘三盂。敛口，沿面微凹，圆唇，折弧腹，下腹弧收为矮圈足。腹部有两对称整形饰，腹满饰锥刺纹。口径 13.6 厘米，底径 12.2 厘米，高 3.5 厘米。

原始青瓷筒形罐

原始青瓷盂形罐

（以上摘自南京博物院《淹城：1958—2000 年考古发掘报告》）

原始青瓷盂形罐

灰白色胎，除器底外通体施青黄色釉。附盖，敛口，圆唇，平底微内凹。上腹部有对称桥形耳，另两侧对称贴饰“S”形泥条饰。盖顶有泥条索状耳。口径 10.6 厘米，底径 8.4 厘米，通高 10.8 厘米。

原始青瓷筒形罐

灰白色胎，除器底外通体施青色釉。内折斜直口，尖圆唇，折肩，平底略内凹。腹上部与肩相接处对称饰二近长方形辫状泥条饰，腹部饰竖线纹间对称目纹。制法为泥条盘筑后慢轮修整。口径 24 厘米，腹径 26.8 厘米，底径 21 厘米，高 36 厘米。

原始青瓷簋

原始青瓷碟

（以上摘自南京博物院《淹城：1958—2000 年考古发掘报告》）

原始青瓷簋

灰白色胎，通体施青绿釉。侈口，卷沿，圆唇，鼓腹，平底。腹部饰“Z”形戳印。口径 21.2 厘米，腹径 25.6 厘米，底径 22 厘米，高 11.8 厘米。

原始青瓷碟

灰白色胎，除器底外通体施青色釉，釉层已几乎脱落殆尽。敞口，沿面微内斜，尖圆唇，斜弧腹，平底略内凹。制法为轮制。口径 12.6 厘米，底径 7.3 厘米，高 2.5 厘米。

第五章

淹城遗址的保护和传承

俞伟超先生说："只有人类才能产生文化，使前代积累的能力（当然含知识），能通过文化的传递而代代积累，使文化得到发展。"

历史文化对于一个城市的发展壮大具有不可忽视的影响。任何一个城市要想区别于其他的城市，就必须坚持这个城市的文化记忆，将文化视为城市发展的灵魂，这样才不会被卷入城市同化的浪潮中。

"天下名士有部落，东南无与常匹俦。"常州是名副其实的人文荟萃之都。在这里，流行着这样一句话："明清看北京，隋唐看西安，春秋看淹城。"以淹城为代表的西周、春秋文化无疑是常州独具特色的文化名片，是常州城市发展的重要突破口。

淹城从遥远的周代走来，带着近 3000 年绵延不息的厚重足音，遗失了很多，却也留下了很多。作为大型的古城遗址，淹城蕴藏着丰富的文化信息，具有重要的历史、科学和文化研究价值。三城三河相套的建筑形制和水门、水井的建设等，不仅反映了古人开拓创造的坚毅精神，而

淹城旅游区全景

且为我们研究古代建筑史提供了珍贵的依据。这样的城邑布局，又凸显了江南的地域特色。只有水资源丰富的江南地区，才不仅有必要而且有可能如此建设，表明古人十分注重人与自然的和谐统一，为我们当今城市建设和社会发展提供了警示和启发。一座座袒露着沧桑的土墩墓诉说着先祖的生平往事，为我们了解古代丧葬风俗的变迁提供了

可靠的资料。独木舟、青铜器和陶瓷器等曾搁浅在泥淖深处的远古遗存展示了古人精湛的手工技艺，为我们分析古代手工业发展、等级制度和审美取向等提供了丰富的样本。

改革开放以来，淹城遗址得到了各级政府及有关部门的重视，在人民群众的大力协助下，淹城遗址的保护和开发工作迈上了新台阶，它的文化、社会价值也得到了进一步的发掘。

1981 年 11 月 5 日，武进县淹城管理处成立，隶属武进县基建局，主要职责是保护淹城文物和自然环境，发展旅游事业。通过宣传文物保护法，武进县淹城管理处工作人员先后征集到出土文物上百件。同时，淹城遗址文物保护小组建立，由淹城周边五个大队的书记组成，每个大队还有一名业余文物保护员，发现文物情况，立即报告淹城管理处，改变了以往珍贵文物流失的无政府状态。为了确保文物的安全，出土文物全部登记造册，并于 1985 年春送交武进县博物馆收藏保管，为日后创建武进县淹城博物馆打下了坚实的基础。

1985 年 9 月 7 日，武进县淹城博物馆获批准成立。9 月 13 日至 15 日，“武进县淹城保护开发规划讨论会”召开，提出了保护、开发的初步设想及“边保护、边考古、边建设淹城”的实施方案。同年 12 月 29 日，武进县淹城管理委员会成立，同时撤销武进县淹城管理处。

围绕淹城的保护和利用，《淹城规划初步设想》、《保护修复淹城遗址总体规划》相继出炉，划定了淹城遗址的保护区范围，将淹城遗址内的574.9亩土地全部征用，10万多株树木全部折价归公。

为了保护淹城城内的历史风貌，从1985年开始，原居住在城内的村民们用三年时间陆续迁移到城西的一般文物保护区范围内。

从1986年开始，考古工作者对淹城遗址进行了长达5年的考古发掘，解决了一些悬而未决的问题，为研究淹城历史奠定了良好的基础,也为开发旅游寻找了史实依据。

1988年1月13日，淹城遗址被列为全国重点文物保护单位。

1989年，淹城博物馆创办了《淹城文博通讯》。

1992年，淹城博物馆委托南京博物院派出专家对淹城出土的一条独木舟进行了抢救性修复。

1996年，武进区政府把淹城的保护纳入了《武进新城建设总体规划》。1995年至1996年，制定了《淹城遗址保护利用总体规划》（1996~2010年）。经专家的反复论证、修改和完善，该规划于1998年获国家文物局批准。

1998年，淹城博物馆带领村民们用自然堆土的办法，利用子城城墙上长年流淌下来的泥土，修复了子城城墙上的塌陷塌方和缺口。同年，又对淹城子城内的竹木井进行修复，并围绕竹木井修建了春秋凉亭一座。

淹城遗址公园入口

城春秋乐园儒家广场

淹城春秋乐园春秋商街

淹城春秋乐园昭关漂流

淹城旅游区仿古街

淹城旅游区仰淹阙

仰淹阙广场城楼

文化遗产保护的最终目的，是让人民群众享受到文化遗产给我们带来的荣耀，同时为社会发展服务。

淹城遗址的保护和传承不容忽视，它不仅需要考古学界的深入探索，还需要对淹城文化的创意开发。

淹城虽为历史遗址，但并不乏现代文化的生机。为了推动淹城遗址的开发和建设，2002 年，武进区政府委托同济大学中国历史文化名城研究中心等单位进行编制，规划了总面积 7.6 平方公里的淹城旅游区，由八大板块组成：

遗址保护区、春秋乐园区、野生动物区、佛教文化区、旅游购物区、文化居住区、休闲度假区、商业游乐区。围绕核心保护区，安排绿化、旅游等配套设施以及仿古文化建筑、博物馆（包括名人馆）等设计。

2005 年，淹城遗址被列为申报世界文化遗产名录。2007 年 4 月，淹城被评为“中国第一水城”。法国“中国之家旅游团”评价其为“中国文化、古迹的一颗明珠”。日本东京国立博物馆馆长认为“其开发价值不亚于秦始皇陵”。

淹城博物馆历经多次展馆扩建和展览改陈，2007 年和武进区博物馆两馆合一，新馆建筑面积 8728 平方米，为二层仿汉代建筑，外形古朴典雅、雄伟庄重。如今的陈列区设四大展厅：“史河流韵”“春秋淹城”、特展厅和临展厅。

2008 年，中国春秋淹城旅游区党工委、管委会成立，肩负起进一步保护淹城遗址，开发旅游资源，规划、建设和管理春秋淹城旅游区的重任。2017 年成功创建国家 5A 级旅游景区。2019 年正式启动融入国家大运河文化带发展建设，围绕实现大运河遗产的全民共享与永续传承，不断强化生态文明建设、强化文化遗产保护、强化文化价值弘扬，积极打造国家级文化遗址公园，为擦亮中国大运河这张“世界文化名片”，坚定文化自信贡献淹城力量。

在保护淹城遗址的前提下合理进行旅游开发，在旅游

淹城博物馆（摄于 1996 年）

开发过程中加强遗址保护，突破文化遗产保护与旅游开发之间的矛盾，使两者相辅相成，已经成为所有淹城工作者的共识。只有坚持以文化为灵魂和血脉，以旅游为载体和依托，通过文化创意，运用现代科技，淹城才能再现春秋时期的历史传奇和文化风貌，才能促进文化产业与旅游产业的互融共赢。

近年来，中国春秋淹城旅游区本着“唤醒历史记忆，再现人文精神，弘扬民族文化，发展休闲经济”的宗旨，以春秋文化为灵魂和血脉，以现代旅游为载体和依托，紧紧依靠创意和科技驱动，不仅使千古淹城重获新生，更创造了文化遗产保护与旅游开发并行的典范，成为长三角地区一颗璀璨耀眼的旅游明珠。

为了丰富淹城旅游的文化内涵，武进区还成立了淹城春秋文化研讨会，举办学术研讨和参观考察，积极撰写学术报告。

此外，武进区请著名文艺家乔羽作词、徐沛东作曲、著名歌唱家宋祖英演唱《淹城之歌》。拍摄了 30 集电视连续剧《春秋淹城》，讲述春秋时期的淹城在楚、吴、越三国争霸的夹缝中艰难求存的故事。

如今的淹城不仅是考古学家们寻觅神往的地方，也成了群众观光怀古的场所，成为江南水乡一块具有无限魅力的地方。

春秋淹城博物馆

武进博物馆